KNAUR

Natalie Dedreux

assistiert von Wenzel Rehbach

MEIN LEBEN IST DOCH COOL!

Unsere Welt und was ich dazu zu sagen habe

Besuchen Sie uns im Internet:
www.knaur.de

Aus Verantwortung für die Umwelt hat sich die Verlagsgruppe
Droemer Knaur zu einer nachhaltigen Buchproduktion verpflichtet.
Der bewusste Umgang mit unseren Ressourcen, der Schutz unseres Klimas
und der Natur gehören zu unseren obersten Unternehmenszielen.
Gemeinsam mit unseren Partnern und Lieferanten setzen wir uns für
eine klimaneutrale Buchproduktion ein, die den Erwerb von Klimazertifikaten zur
Kompensation des CO_2-Ausstoßes einschließt.
Weitere Informationen finden Sie unter: www.klimaneutralerverlag.de

Originalausgabe Oktober 2022
© Knaur Verlag
Ein Imprint der Verlagsgruppe Droemer Knaur GmbH & Co. KG, München
Covergestaltung: Wenzel Rehbach
Coverabbildung und Illustrationen: Wenzel Rehbach
Satz: Adobe InDesign im Verlag
Druck und Bindung: GGP Media GmbH, Pößneck
ISBN 978-3-426-28617-3

2 4 5 3 1

MEIN LEBEN
IST DOCH COOL!

Texte Schreiben

Der eine diktiert und der andere schreibt.
Du schreibst und ich diktiere.
Das geht auch über Zoom.

Ich diktiere Dir viele Texte.
Zum Beispiel zum Thema Pränatal-Diagnostik.
Und auch vielleicht zum Thema Dick und Doof.
Wir suchen uns aus,
über welches Thema wir gerne schreiben möchten.

Dann ist es halt so:
Das Thema wird die Überschrift.
Dann kommt mein Text.
Ich diktiere.
Das bin ich.

Du schreibst das dann auf.
Manchmal müssen Wörter korrigiert werden.
Oder wie man etwas formuliert.
Du machst die Texte fertig.
Das bist Du.

Was ist das für ein Buch?

Ein Buch ist ein Buch.
Da kann man mein Buch lesen.

Wir haben halt Texte geschrieben.
Zum Beispiel über Inklusion.
Oder Weihnachten.
Und Corona.
Die Bretagne ist ein Thema.
Gleichberechtigung.
Gewalt gegen Menschen mit Behinderung.
Kasalla und Karneval.
Meine Oma.
Persönliche Themen und schlimme Themen.
Politische Themen.
Allgemeine Themen.
Es geht um meine Sicht auf die ganzen Themen.
Und um meine Sicht auf die Welt.

Ich habe eine Trisomie 21.
Ich möchte mit diesem Buch gesehen und gehört werden.
Wenn man Menschen mit einer Trisomie 21 sieht,
muss man keine Angst vor uns haben.
Ich möchte, dass man das auch merkt,
wenn man das Buch liest.
Hier kommt eine Person mit Down-Syndrom zu Wort.

Zoom

Wenn ich nicht in der WG bin,
dann mache ich hier weiter mit dem Home-Office.
In Köln-Mülheim.
Mein altes Zimmer ist jetzt mein Büro.
Dort komme ich immer hin, um zu arbeiten.

Wir zoomen.
Du bist halt jetzt nach Essen gezogen.
Essen wie eine Stadt.
Jetzt tun wir zoomen.
Ich mache das Zoom-Meeting auf.
Und du kommst dann halt mit dazu.
Meistens treffen wir uns eine Stunde lang.

Down-Syndrom

Ich möchte erklären, was das Down-Syndrom ist.
Das Down-Syndrom ist etwas Besonderes.
Das ist bei manchen Menschen so.
Man braucht keine Angst davor haben.
Wenn wir Menschen mit Down-Syndrom unterwegs sind,
dann muss man keine Angst haben.

Bei Menschen mit Down-Syndrom ist das so:
Wir haben ein Chromosom zu viel.
Chromosomen gibt es schon vor der Geburt.
Die sind in jedem Menschen drin.
Es gibt viele Chromosomen-Paare.
Wir haben das 21. Chromosom dreimal.
Und deswegen sagt man eigentlich Trisomie 21
zu Down-Syndrom.

Wir wollen gehört und gesehen werden.
Wir wollen ja auch weiter am Leben teilhaben.

Ich muss sagen, es gibt da Vorurteile.
Zum Beispiel, dass wir nicht lesen und schreiben können.
Das stimmt nicht.

Es gibt da noch eine Sache:
Wegen dem Duzen.
Wenn Menschen mit Down-Syndrom unterwegs sind,
dann werden wir automatisch geduzt.

Wir sind nicht jünger, als wir alt sind.
Wenn wir erwachsen sind,
möchten wir so wie alle anderen gesiezt werden.
Wir werden wie kleine Kinder behandelt,
obwohl wir erwachsene Menschen sind.

Welt-Down-Syndrom-Tag

Ich bin froh darüber, dass es diesen besonderen Tag gibt.
Nämlich den Welt-Down-Syndrom-Tag.
Am 21. März.

Ich kann mal erklären, was man da so feiert:
Man feiert,
dass man an Menschen mit Down-Syndrom mitdenkt.
Dass wir auch mit dazugehören.
Für die Gesellschaft.
Das heißt auch:
Wir denken an unsere Rechte, die wir haben.
Es geht um Inklusion.

Wir ziehen uns hier verschiedene Socken an.
An jeden Fuß einen anderen.
Socken-Paare sehen ein bisschen so aus
wie Chromosomen-Paare.
Wir haben alle verschiedene Socken an als Zeichen
für das Down-Syndrom.

Es heißt auch,
dass wir an die Opfer mit Down-Syndrom mitdenken.
Und daran, was früher so passiert ist.

Blut Test

Mir geht es darum,
dass Menschen mit Down-Syndrom
nicht abgetrieben werden sollen.
Wichtig ist es,
dass wir Menschen mit Down-Syndrom
auch einen Wert haben.
Das heißt auch,
dass wir Menschen mit Down-Syndrom
auf der Welt bleiben sollen.

Im Bundestag hat es da auch so eine Debatte gegeben.
Das war die Debatte wegen dem Bluttest
auf Down-Syndrom.
Da geht es halt darum,
dass die Krankenkassen den Bluttest
nicht bezahlen sollen.
Dass der halt keine Kassen-Leistung wird.

Man kann in einer Schwangerschaft feststellen,
in der 9. Schwangerschaftswoche:
Das Kind hat das Down-Syndrom.
Viele Leute wollen,
dass das von der Krankenkasse bezahlt wird.
Ich nicht.

Deswegen habe ich auch eine Petition gestartet.
Da habe ich gesagt:

Wir Menschen mit Down-Syndrom
sollen nicht abgetrieben werden.
Und genau deswegen
war ich auch demonstrieren auf der Straße.

Entwicklung Des Menschen

Hier in dem Text möchte ich erklären,
wie die Entwicklung der Menschen war.
Es ist halt so:
Am Anfang gab es noch Tiere.
Sowas wie Affen und so.
Die Tiere von früher konnten auch mal Sex machen.
Die haben sich dann ein bisschen weiterentwickelt.
Das wächst und wurde dann immer größer.
Aus dem Affen ist ein Mensch geworden.
Der Unterschied ist groß.

Damals gab es noch so eine Steinzeit.
Man hat da quasi anders gelebt.
Das Fernsehen war anders.
Da gab es halt noch nicht so viele Fernseher wie jetzt.
Nämlich gar keine.
Aber es gab schon Menschen.

Die hatten anderes Essen damals.
Die hatten andere Lebensräume.

In der früheren Zeit war noch vieles anders.
Da war halt die Zeit noch ein bisschen anders.
Ich weiß auch, wie die Namen der Tiere früher so waren:
Es gab Schimpansen und Gorillas.
Die gibt's auch immer noch.

Der Bus

Ich bin froh:
Ich kriege einen neuen Bus.
Der geht über meinen Namen.
Wenn man etwas bestellt,
dann muss es ja über einen Namen gehen.
Da haben wir meinen Namen genommen.

Unser neuer Bus steht noch bei einer Auto-Firma
in Leverkusen.
Noch ist er nicht so ganz fertig.
Da muss noch ein Nummernschild dran.

Wenn wir unseren T6-Bus bewegen,
dann fahren wir zu meinen zwei Cousins.
Dann machen wir dort ein bisschen Urlaub bei denen.
Der Bus muss mal langsam in Richtung Bewegung rollen.

Wenn wir den neuen Bus haben,
haben wir die Freude,
dass wir bestimmt nochmal nach Frankreich fahren.

Auf jeden Fall wird meine Mutter den neuen Bus fahren.
Mein Bruder ist noch nicht so weit,
um einen T6 zu fahren.

Das Lustige ist, ich erzähle mal:
Wenn wir mit dem neuen Bus unterwegs sind,

dann ist auf meiner Seite immer ein Bier drin.
Wir freuen uns auf unser neues Spielzeug.

Auf jeden Fall hängen wir da noch einen Kranz rein
von meiner Oma.
Das ist eher so eine Kette.
Das bedeutet einfach:
Man denkt an die Oma mit.

Frankreich

Das hat schon mit meiner Oma angefangen.
Die ist halt woanders groß geworden.
Eigentlich war es so,
dass die mir den Nachnamen gegeben hat.
Es war so:
Wir hatten in Frankreich sehr coole Freunde.
Freunde von meiner Mutter und auch einen Studienfreund.
Und die haben französisch gesprochen.

Ich kann sagen,
was mein Nachname eigentlich auf Deutsch heißt:
Es gibt eine Stadt, die heißt Dreux.
Ich wurde nach einer Stadt benannt.
Natalie aus Dreux.

Ich war schon oft in Frankreich als Kind.
Wir hatten da so ein Haus.
Das Haus war cool.
Da haben wir dann ein paar Urlaubstage verbracht.
Aber nicht in Dreux – andere Stadt.
Es war sehr warm.

Frankreich ist sehr cool.
Das mag ich sehr gerne.
Ich spreche ein bisschen Französisch,
bin aber auch zum Teil Kölsch Mädsche.

In Frankreich gab es einen singenden Fisch.
Das war so eine Trophäe.
Mit einem Fisch, der mit seiner Flosse wedelt.
Und dabei auch noch singt.
Die Trophäe habe ich gekriegt.

Köln Mülheim

Mein Geburtsort ist Bergisch Gladbach,
aber ich bin in Köln Mülheim aufgewachsen.
Ich war schon als kölsche Jeck jeboore.
Köln ist mein gutes Zuhause.
Ich bin in Köln Mülheim auch auf Schule gegangen.

Ich wohnte hier in Mülheim.
Bin ich dann in Lindental eingezogen.
Da war ich 21 oder 20 Jahre alt.
In eine WG bin ich gezogen.

Ich liebe Mülheim und mein Zuhause.
Ich mag die Aussicht hier, die ist super.
Da kann man halt den Rhein und den Dom
schon erkennen.
Stadt mit K.

Und man kann auch gut shoppen gehen.
Da kann man richtige BH kaufen.
In Mülheim kann man gut sexy Bikini kaufen.

Köln ist sehr schöne Stadt hier.

Köln

Ja, ich liebe Köln
und ich liebe es auch.
Und Köln liebt mich.

Und dazu gehört für mich auch Karneval.
Es ist in Köln auch eine Tradition zu feiern.
Dabei trinke ich gerne Kölsch.

Was in Köln das Wichtigste ist:
»Kasalla«.
Köln ist auch deren Zuhause.
Ohne »Kasalla«, da wäre jetzt Köln ganz alleine.
Dann hätten wir keine Musik hier.

Köln bedeutet für mich:
alles.
Und dass Köln auch meine Heimat ist.

Und deswegen finde ich es gut,
dass es so eine Art Rosenmontag gibt und so.
Und auch Weiber-Fasching.

Und da ist das Singen für mich
ein ganz, ganz wichtiges Stichwort.

Köln ist für mich wie mein Zuhause.
Köln bleibt für mich im Herzen.

Kasalla

Das ist eine Rockband.
Die gibt es seit 2011.

Das sind ungefähr 5 spezielle Typen.
Sind halt coole Typen.
Die haben einen Fanshop und bringen auch T-Shirts raus.
Ich habe T-Shirts und ein Armband von denen.
Und sogar eine Jacke.

Ich mag die Musik und die Band ganz gerne.
Ich war schon auf deren Konzert und hab die interviewt.
Das war ein Strandkorb-Konzert.
Da stehen halt Strandkörbe und
man kann die Musik hören.
Die waren auch alle nett.

Die treten auch in der Karnevals-Session auf.
Die Musik ist für mich Heimat.
Kasalla ist mir wichtig.
Und die Lieder auch.
Hört euch das mal an.

Kölsch

Für mich ist die kölsche Sprache sehr wichtig zu sprechen.
Es ist sehr, sehr wichtig, dass man sie spricht.
Weil wir halt
A: Kölner sind und
B: weil das unsere Sprache ist.

Was ich am liebsten auf Kölsch sage, ist:
Et kütt wie et kütt.
Auf Hoch-Deutsch heißt es dann:
Es kommt, wie es kommt.
Das ist ein Spruch.

Ich kann auch sagen, was das Wort *Kasalla* bedeutet:
Krawall, Krach und Ärger.

Ich kann auch sogar sagen, was *Et jet Kasalla* heißt:
Und es gibt Krawall.

Ich spreche immer kölsch.
Und ich singe auch kölsch.

Karneval

Der Karneval ist so ein Fest.
Das feiert man im Februar.
In Brasilien wird das Ganze eröffnet.
Karneval ist für mich wichtig, weil es Heimat ist.
Man feiert sehr viel und dann
hört man auch die laute Musik.
Und dann trinkt man dabei auch noch ein Kölsch.
Das bedeutet für mich feiern.

Es gibt auch an den Tagen Karnevals-Züge.
Mein Bruder war auch auf dem Wagen,
und der hieß »Jan von Werth«.
Das Coole ist,
da kann man auch Süßigkeiten runterschmeißen.
Und dazu abrocken und tanzen.

Ich und meine Familie feiern Karneval.
Meine Kumpels von der Band »Memoria« feiern auch mit.
Ansonsten feiern auch sehr viele Freunde von uns mit.
Das feiert man in Köln.

Nasenpiercing

Ich würde mich so gerne mal piercen lassen.
Wenn viele das haben,
dann möchte ich das auch mal haben.

Du, Wenzel, hast auch einen Nasenpiercing.
Eine Person aus der Kasalla-Band
hat auch einen Piercing:
Florian Peil.
Ich will das deswegen haben,
weil es dann cool aussieht.
Schmuck im Gesicht:
Cool.

Ohrenkuss

Der Ohrenkuss ist so ein Magazin,
wo nur Menschen mit Down-Syndrom mitschreiben.
Wir sind ein Forschungs-Team
und wir forschen über das Down-Syndrom.
Wir schreiben auch über Ozeane und über die Schweiz.
Wir haben auch ein Mutter-Heft gemacht.
Ein Vater-Heft auch.
Dann haben wir auch zum Thema Wohnen
ein Heft gemacht.
Über die Natur.

Der Ohrenkuss wurde seit 1998 gegründet.
Das ist in dem Jahr, in dem ich zur Welt gekommen bin.
Die Gründer heißen:
Katja de Bragança, Michael Hägar und Angela Fritzen.

Der Ohrenkuss, der ist mir schon wichtig.
Die Sitzungen und die Leute sind mir auch wichtig
wiederzusehen.
Es wäre cool,
wenn wir hier in echt zusammenarbeiten können.
Seit Anfang 2020 gibt es nur noch Online-Sitzungen.
Ich hoffe, bald können wir wieder echte
Ohrenkuss-Sitzungen machen.
Das Wichtigste:
Mit Ohrenkuss hätte ich gerne nochmal
ein richtig großes Weihnachtsessen.

Der Ohrenkuss und ich,
wir waren auch mal in der Ukraine.
Dort haben wir Ukrainer mit Down-Syndrom
kennengelernt.
Da haben wir eine Ausstellung gemacht und die heißt:
»Was wichtig ist«
Da habe ich auch gesehen:
Was denen wichtig ist, ist die Arbeit.
Die Frage ist auch:
Wic wollen sie in Zukunft leben
und als was wollen sie arbeiten.

Assistenz

Bei manchen Sachen klappt das sehr gut mit mir.
Es gibt aber auch manche Sachen,
da klappt es nicht so gut.
Deswegen bin ich auf der Suche,
ob mir jemand helfen kann.
Wenn es einer Person nicht so gut geht,
dann muss man ihr helfen.

Beim Geld-Rechnen brauche ich zum Beispiel Assistenz.

Auch wenn ich Termine in anderen Städten habe,
brauche ich Assistenz.
Ich war mal in Hannover mit Dir.
Du warst da meine Arbeits-Assistenz.

Beim Tabletten-Auffüllen brauche ich auch Assistenz.

Wegen der Blut-Werte soll ich erst
einen schwarzen Kaffee trinken.
Bevor ich einen Kaffee mit Milch trinke.
Die Milch reagiert auf die Blut-Werte.
Ich brauche auch eine Assistenz zum daran Erinnern.

Ich habe auch eine Freizeit-Assistenz.
Die hilft als Unterstützung.
Wenn man sich trifft und etwas ausmacht.
Treffen und so.

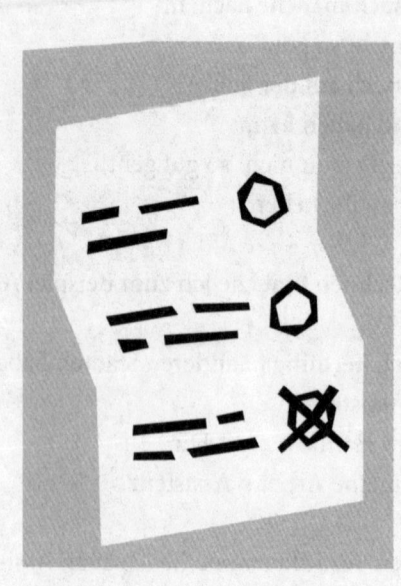

BUNDESTAGS-WAHLEN

Das ist sowas, wie wenn man wählen geht und so.
Jeder Mensch hat eine Stimme zum Wählen.
Und auch was zu sagen.

Das Recht haben auch Menschen mit Behinderung.
Da wird gewählt,
welche Parteien in den Bundestag kommen.
Da wird gewählt, wer jetzt Kanzler oder Kanzlerin wird.
Da darf man halt die Stimme abgeben.
Wer gewinnt, wer die meisten Stimmen hat.

Angela Merkel

Sie ist eine deutsche Politikerin im Bundestag
bei der CDU.
Seit 1990 ist sie in der CDU.
Seit 1998 ist sie Stellvertretende der CDU
und auch die Partei-Vorsitzende der CDU.

Sie ist geboren 1954 in Hamburg.
Und sie wuchs damals in der DDR auf.
Sie hat ein Abitur gemacht.

Was ich auch von ihr weiß, ist,
dass sie Bundeskanzlerin war.
Von der Bundesrepublik Deutschland.
16 Jahre.

Und die Merkel war auch Physikerin oder Chemikerin.
Sie war Wissenschaftlerin.

Sie hat sich mit der Flüchtlings-Politik beschäftigt.
Und dann ja auch mit der Corona-Pandemie.

Gestern wurde die Angela verabschiedet
von der Republik Deutschland.

Jetzt stellt sich halt die Frage:
Wie läuft denn die Politik ohne die Merkel?
Wer wird Bundeskanzler?

Wer rettet die Menschen in Afghanistan?
Wer macht, dass es mit der Inklusion gut läuft?

Schade, dass die Merkel leider weg ist.
Weil ich wollte ihr was überreichen.
Ein Geschenk.

AmPeL KoaLition

Der neue Kanzler ist jetzt der Olaf.
Der sieht gar nicht so schlecht aus.
Der grinst gerne.

Der Olaf ist einer von der SPD.
Und es sieht so aus, als würde es jetzt
eine neue Regierung mit ihm geben.

Und ich finde es cool, wenn im Straßenverkehr,
an der Ampel
die Gesichter von dem Olaf, dem Lindner
und der Baerbock da hängen.

Koalition bedeutet, dass mehrere Parteien
zusammen regieren.
Und auch gut zusammenarbeiten können.
Ampel heißt es deswegen:
Es gibt rot, gelb und grün.
Rot bedeutet SPD.
Gelb bedeutet FDP.
Und Grün bedeutet die Grünen.
Die müssen jetzt gucken,
dass die gut zusammenarbeiten können.

Es gibt auch einen Song.
Der Song heißt »Ampel-Koalition«.

Der ist lustig.
Die wollen die Politiker ein bisschen veräppeln.

Ich bin gespannt, wie die neue Regierung weitergeht.
Ja, der Herr Bundeskanzler muss sich fragen:
Wie geht es jetzt weiter?
Wie geht es mit der Corona-Lage weiter?
Wie geht es jetzt weiter mit der Flüchtlings-Politik?
Und wie geht das jetzt weiter
mit dem ganzen Klima-Gedöns?
Das hat dann auch mit Fleisch zu tun.
Durch diese ganze Schlachterei.
Der wird viel zu tun haben, der Herr Bundeskanzler.

Es geht bestimmt auch ohne die Merkel.

Cem Özdemir

Der ist halt auch ein Politiker von den Grünen.
Das Coolste ist:
Der ist auch einer von den Bundes-Tags-Abgeordneten
mit türkischen Eltern.
Er sagt:
Er ist deutscher Staats-Bürger mit türkischer Herkunft.

Er war Journalist.
Und hat in einem Jugendzentrum gearbeitet.

Dann wurde er Mitglied bei den Grünen.
Es geht bei ihm um Wirtschafts-Politik.
Es geht um Verkaufen, Geld und Pläne.
Und um Sozial-Politik.
Es geht auch um verschiedene Menschen-Gruppen.

Er hat die Rolle, auch etwas zu sagen und so.
Er möchte, dass alle Leute gleich behandelt werden sollen.
Zum Beispiel beim Thema Islam in Deutschland.
Ich habe gesehen, dass der auch Fahrrad fährt.
Der interessiert sich auf jeden Fall für Politik.
Das ist klar.

Weihnachten

Weihnachten ist so ein Fest, was man feiert.
Und das ist auch sehr, sehr wichtig.
Das heißt, die Christen feiern Weihnachten.
Ich denke, da müssen wir hier schmücken.
Müssen wir den Tannenbaum dekorieren.
Und da gehören auch Geschenke da drunter.

Wir machen Bescherung und stoßen davor an.
Mit Sekt.
Es gibt da so eine Tradition,
was man an Weihnachten isst.
Ja da isst man Klöße, Rotkohl und einen Braten.
Das Weihnachten-Feiern ist schön und wichtig.
Da feiert man die Geburt von Jesus.

Für mich ist der Dezember mein Monat.
Ich habe da Geburtstag
und gleichzeitig ist dann Weihnachten.
Das finde ich cool und kriege dann noch mehr Geschenke.

Das feiern nicht alle.
Soweit ich weiß, feiern Moslems nicht Weihnachten.
Die Ukrainer feiern das auch nicht.

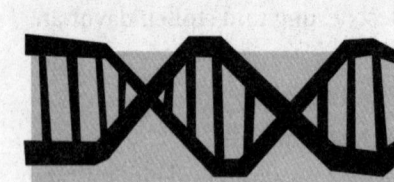

Bruder

Ich erzähle mal von meinem Bruder:
Sein Name ist Fredo Dedreux.
Er ist zwischen 18 und 19 Jahre alt.

Und er hat jetzt eine neue Freundin gefunden.
Yes!
Ich finde es gut, dass sich mein Bruder verliebt hat.

Mit dem kann man gut auch reisen.
Das haben wir früher immer gemacht.
Jetzt, wo er so groß ist, kann er ganz gut Auto fahren.
Und ganz gut einparken.
Der hat jetzt zum ersten Mal seinen Führerschein gemacht.

Ich bringe ihn auch manchmal gerne zum Lachen.
Durch viel Blödsinn.

Der hat in seinem Zimmer ein Fahrrad-Labor.
Da steht viel Werkzeug im Zimmer.
Der tut gerne handwerken.
An seinen Fahrrädern.
Manchmal fährt er auch mit seinen Freunden weg.
Nach Aachen zum Beispiel.
Mit dem Fahrrad.

Der malt auch sehr viel.
Und zeichnet gerne.

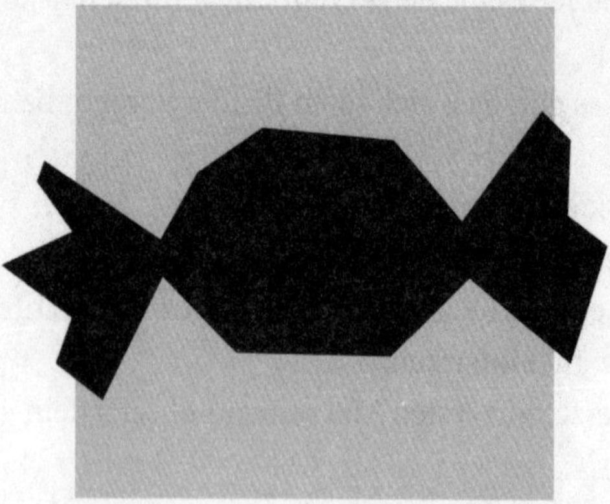

Oma

Ich finds toll von ihr,
dass sie mich großgezogen hat.
Und wir haben uns gerne gemocht
und Quatsch gemacht.
Die Oma hat auch gerne Essen bei sich gehabt.
So war sie damals, ich hatte sie sehr gerne.

Und bei Oma habe ich auch mal gerne
Dick und Doof geguckt.
Und die Oma und ich konnten auch laut niesen.
Und zwar so, dass die Mutti auch mitgehört hat.

Die Oma hat gerne und gut gekocht.
An Weihnachten auch.
Sie hat die Weihnachtstradition gekocht:
Das waren Klöße und Rotkohl und einen Braten.

Der Oma, der war wichtig:
Kaffee am Bett.
Und sie hat gerne ihren Sudoku gemacht.
Das ist ein Buch, kann man die Zahlen reinschreiben.
Ein Zahlenrätsel.

Wir haben gerne gesungen im Bett.
Singen ist ein ganz wichtiges Stichwort.
Auf Kölsch.
Einmal ist das Bett zusammengekracht.

Wir haben gerne Quatsch und Blödsinn gemacht.
Wir waren gerne laut im Bett, wir waren halt albern.
Da musste meine Mutter durch.

Das eine behalte ich mir auch:
Die Oma hatte immer Süßigkeiten bei sich gehabt.
Als ich noch ein Kind war, da habe ich das gerne gegessen.
Jetzt esse ich immer noch gerne Süßigkeiten.
Aber leider ist sie gestorben, mit 74, glaube ich.

Familie

Ich möchte gerne mal erklären,
wer alles in meiner Familie drin ist:
mein Bruder und ich.
Cool auch mit seiner neuen Freundin.
Die war jetzt schon mal hier.

Auf jeden Fall die Cousins mit ihrer Familie.
Und ich habe sogar zwei Cousinen.
Ich habe auch noch ein paar Onkel.
Die gehören auch noch dazu.

Es gibt auch noch einen Rest der Familie.
Die sind leider gestorben.
Mein Onkel, meine Oma und meine Tante.
Man hat meinen Onkel anders beerdigt
als in Deutschland.
Meine Tante hatte nämlich einen Pakistani geheiratet.
So habe ich quasi meinen Onkel kennengelernt.
Mein Onkel hat schon Deutsch gesprochen
und war in Deutschland.
Er war aber gleichzeitig auch Pakistani.

Auf jeden Fall habe ich auch Mutter und Vater.
Die sind auch in der Familie drinnen.

Was ich auch sagen kann:
Ich habe einen Freund, den Nico.

So ein bisschen gehört der schon auch zur Familie.
Obwohl er auch eine hat.
Mein Freund ist gleichzeitig Onkel.
Der ist Onkel schon mit 34.

Verückt sein

Ich bin verrückt.
Verrückt sein ist sehr cool.
Weil es ist cool,
mal Blödsinn zu machen.
Und lustig zu sein.

Der Nico ist auch gerne mal verrückt.
Und ich bin auch gerne verrückt.
Und ich mache Blödsinn.

Wir waren auch mal albern.
Weil ich gucke nämlich gerne Komödien.
Und das ist dann halt sehr, sehr lustig.
Da muss ich lachen.

Nico und ich sind auch gerne albern.

Ich war auch immer mit meiner Oma verrückt.
Da haben wir laut Blödsinn und laut gelacht.

Ich habe halt guter Humor.
Das ist wichtig fürs Leben.

Meine WG zum Lachen bringen.
Das mache ich schon ganz gerne.

Ich höre gerne Leute lachen.
Wie zum Beispiel meine Mutter.
Und meinen Vater bringe ich auch gerne zum Lachen.

Ich bringe auch gerne den Nico zum Lachen.

Freundschaft

Ich finde die Freundschaft schon sehr, sehr wichtig.
Damit man die Freunde sehen kann,
die man lange nicht mehr gesehen hat.
Wegen Corona.

Das ist auch ein bisschen so mit der Familie.
Die sehe ich jetzt auch wieder zum ersten Mal.
Das ist schon gut,
wenn man wieder unter Leute kommen kann.
Wenn man sich wiedersieht
und etwas unternimmt und so.

Soll ich mal etwas sagen?
Der neue Schatzi-Bus ist da!
Damit fahren wir dann morgen los zur Familie.
Die sind da schon ein bisschen neidisch drauf.
Die finden den bestimmt auch sehr cool.
Und wollen sich den auch anschauen.
Vielleicht möchten die auch so ein Auto haben.
Kann ja mal sein.

Das ist schon cool, dass man wieder raus kann.
Und ein bisschen etwas unternehmen kann.
Mit den Hunden rausgehen und so.
Meine Cousine hat viele Hunde.
Ich habe Hunde-Freunde.
Ich bin eine Hunde-Liebhaberin.

Ich freue mich auf jeden Fall,
den wichtigen Teil der Familie wiederzusehen:
die Cousine.
Die gehört auch zu uns als Familie.
Sie war die Enkelin von der Schwester von meiner Oma.
Also die Tante von meiner Mutter.
Die ist dann aber gestorben.
Sie hat damals sehr viele Leute großgezogen von mir.
Kann man sich gar nicht vorstellen, oder?

Die Familie kennt meine Mutter schon sehr, sehr lange.
Familie und Freundschaft
sind schon sehr eng miteinander verbunden.

Geld

Ich habe ganz gerne Geld.
Ich finde das Geld sehr, sehr wichtig.
Ich bin reich.
Ich liebe es, Geld zu sammeln.
Ich habe Geld sehr, sehr gerne.

Um mir meine Sachen zu kaufen,
die ich halt in meiner Wohnung haben möchte.
Ich finde wichtig, dass ich Bier kaufen kann.
Ich kaufe auch andere Sachen von meinem Geld.
Wie zum Beispiel Wasch-Pulver.

Ich finde wichtig, dass ich gut und fair bezahlt werde.
Ich möchte sehr viel Geld von meiner Arbeit bekommen.

Das Wichtigste ist der Mindest-Lohn.
Dass man den bekommt.
Mit diesem Geld muss ich auch meine Miete bezahlen.

Die Pädagogen müssen ja auch irgendwie bezahlt werden.
Diejenigen, die in die WG kommen.
Die mit uns arbeiten.
Die begleiten Menschen mit Behinderung.
Und helfen auch.
Zum Beispiel, wenn wir einkaufen gehen.
Dafür müssen die ja bezahlt werden.

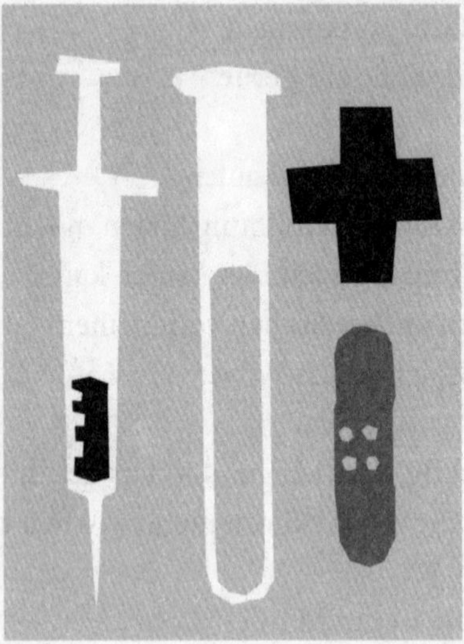

Gesundheit

Man sollte halt aufpassen, was man so macht.
Es liegt auch am Essen.
Man sollte halt aufpassen,
dass man nicht so richtig dick wird.
Weil das auch nicht so gesund ist.
Was ich auch noch weiß:
weniger Fleisch essen, ganz klar.

Zur Gesundheit gehört auch,
dass man sich pflegen muss.
Dass man sich auch mal frisch macht.
Dass man gesund bleibt.

Wie ernährt man sich richtig?
Tierische Lebensmittel?
Man sollte nicht zu viel Zucker essen,
das ist allein die Droge.
Viel Eiweiß, wenig Kohlen-Hydrate.
Das sind halt so die wichtigsten Sachen für den Körper.

Es gibt so bestimmte Regeln,
dass mehr auf das Gewicht geachtet wird.
Die Regeln sind okay.

Natürlich auch mehr Bewegung.
Man sollte halt mehr laufen.
Sehr viel Wasser trinken.

Was das Wichtigste ist, was man trinken soll:
Wasser, Tee oder Saftschorle.
Da sieht man, dass das gesünder ist.

Grund-gesetz

Es gibt in Deutschland ein bestimmtes Grund-Gesetz.

Es ist so:
In einem Wohnheim ist was sehr Schlimmes passiert.
Da wurden Menschen mit Behinderung aussortiert.
Bei einer Triage.
Alte Menschen auch.
Man darf uns nicht wegen der Triage
einfach aussortieren,
das darf man nicht.
Was in dem Grundgesetz drinsteht, ist,
dass man keine Gewalt an alten Menschen
oder Menschen mit Behinderung anwenden darf.
Das war in Tuttlingen.
Da ist die Gewalt passiert.

Ich als Französin kann erklären:
Triage heißt, dass man in Krankenhäusern sortiert.
Wen man als Erstes pflegt und welche Menschen
sterben an Corona.

Gewalt gegen uns wegen Corona geht nicht.
Das darf nicht sein und darf nicht passieren.

Und deswegen finde ich wichtig,
dass man den Leuten da hilft.
Den Leuten, die da Gewalt erlebt haben.

Da muss drüber gesprochen werden.
Das muss an die Öffentlichkeit kommen.

Ich bin da ein bisschen für verantwortlich:
Ich bin »Inkluencerin«.

Man muss nett zu uns sein.
Ein netter Umgangston.

Triage

Ich kann sagen, was das auf Deutsch heißt:
sortieren.
Das Wort stammt aus dem Französischen.
Das ist Französisch.
Auf Deutsch kann man auch sagen:
jemanden sortieren.

Hier möchte ich erklären, was eine Triage ist:
Wenn man während der Corona-Pandemie
im Krankenhaus ist, werden die Krankenhäuser voll.
Da muss man gucken:
Wen kann man als Erstes noch retten?
Und dann muss man auch gucken:
Wer schafft es nicht und kann daran sterben?
Das nennt man dann quasi sortieren.
Es wird entschieden:
Wem wird geholfen?

Wichtig ist, dass Menschen mit Behinderung
in so einer Pandemie auch geholfen wird.

In Tuttlingen war das nicht so.
Da wurde aussortiert.
Mit Gewalt.
Deswegen wurde da geklagt.
Es wurde denen gesagt,
dass das so nicht in Ordnung ist.

Dass den alten Menschen und den behinderten Menschen
nicht geholfen wird.
Es war so, dass sie im Wohnheim bleiben mussten.
Und nicht ins Krankenhaus gehen durften.
Das geht gar nicht und das muss sich ändern.

Das ist eine schwierige Situation,
aber es muss sich etwas ändern.

Nazi-Zeit

Das mit der Nazi-Zeit war schon sehr schlimm.
Es wurden viele Menschen ermordet.
Wie bei einem Mord-Fall.
Da wurden auch Menschen mit Behinderung ermordet.
Das war in der Zeit, wo Hitler an die Macht kam.
Der Hitler mochte uns nicht.
Und deswegen gibt es da so einen Gedenktag.
Da denkt man an die Opfer.
Die das dort erlebt haben.

Ich finde, das geht halt so gar nicht.
Dass man uns Menschen mit Behinderung
etwas antun darf.
Man darf uns nicht schlagen.

Ich finde es gut, dass es so einen Gedenktag gibt.
Weil man einfach daran denkt, wie es von früher war.
Es ist halt schon wichtig,
dass das nicht noch mal vorkommt.
Deswegen finde ich es gut, dass man daran denkt.
Mitdenkt.

Ukraine

Ich war schon mehrmals mit dem Ohrenkuss
in der Ukraine.
Und da habe ich Ukrainer mit Down-Syndrom
kennengelernt.
Ein bisschen war es schwierig wegen der Sprache.
Weil in Ukraine, weiß ich,
da spricht man kein Englisch, glaube ich.

In der Ukraine feiert man zwar Weihnachten,
aber anders.
Und nächstes Jahr erst.

Auf jeden Fall kann ich sagen, die Ukrainer
haben gutes Bier.
Ich finde es gut,
dass ich nochmal in die Ukraine fliegen kann.
Noch mehr unterwegs sein.
Die Ukrainer sollen dann auch nach Köln kommen.
Und zwar rotti-flotti.
Gerne nächstes Jahr, wenn man wieder reisen kann.

Ich tu die Ukrainer schon ein bisschen vermissen hier.
Und dann können wir auch mit den Ukrainern
wieder in echt zusammen arbeiten beim Ohrenkuss.
Und wieder echte Sitzungen machen.

Ich habe mit den Ukrainern zusammen in der Ukraine
eine Ausstellung gemacht.
Um zu erfahren, wie ein Leben mit Down-Syndrom
dort in der Ukraine ist.

Und die haben es relativ schwer.
Denen geht es nicht gut.
Denn dort ist keine Inklusion,
sie haben keine Arbeit dort.
Das ist doch scheiße, oder nicht?
Die sollen auch ihr Geld verdienen und eine Arbeit haben
die ihnen Spaß macht.
Da haben die ein Recht drauf.

Ich kann nur sagen:
Die kochen sehr gut.
Und es gibt da die besten Piroggen.

Krieg in der Ukraine

Ich habe mitgekriegt,
dass da in der Ukraine jetzt Krieg ausgebrochen ist.
Und der Putin, von dem habe ich erfahren:
Der kauft Waffen.
Den soll man nicht unterstützen.
Sonst heißt es:
So und so,
der knallt da jetzt meine Freunde ab.
Das ist das Problem gerade.

Russische Soldaten sind in die Ukraine reingefahren.
Über die Grenze.
Mit deren Panzer-Wagen,
den ich nicht so hübsch finde.
Die stellen sich halt hin und sagen:
Wir wollen jetzt die Macht haben
und ganz Kiew angreifen.
Also die Menschen dort.

Das Problem ist dann:
Die Ukrainer kommen da erstmal nicht weg.
Es ist Chaos.
Alles ist eingestürzt, die ganzen Häuser.
Wegen den Bomben.
Ich habe mitbekommen,
dass mehrere Menschen verletzt worden sind.

Da es den Ukrainern nicht so gut geht,
kann man für die auch spenden.

Ich mache mir schon große Sorgen um meine Freunde.
Ich hoffe, dass die sich da retten können.
Die meisten Ukrainer, die ich kenne,
verstecken sich in ihrem Keller.
Da sind die sicher.

Es gibt halt einen bestimmten Ukrainer,
der vermisst worden ist.
Von dem gibt es weit und weit und breit keine Spur.

Genia

Der Genia ist ein guter Freund von mir.
Er lebt in der Ukraine.

Seit dem Krieg ist er spurlos verschwunden.
Wir fragen uns natürlich, wo der eigentlich sein kann.
Ich habe selber auch keine Ahnung.
Ich hoffe, dass er auf seiner Flucht ist
und irgendwo heile ankommt.
Vielleicht in Deutschland.
Ich hoffe, dass es ihm gut geht.

Genia, ich vermisse dich.

Das Schwarze Meer

Es ist mal spannend, über das Meer zu schreiben.
Das Schwarze Meer liegt in der Ukraine
und in der Türkei.

Was ich darüber weiß:
Das musste einer erfinden.
Das Meer nach seinem Namen benennen.
Der Name ist in der Türkei entstanden.
Auf Türkisch heißt es:
Kara Deniz.
Kara bedeutet:
schwarz oder finster.
Deniz bedeutet:
das Meer.
Früher hieß Kara auf Deutsch:
groß.
Also:
Am Anfang hieß das Schwarze Meer:
das Große Meer.
Die Bedeutung von dem Wort Kara
hat sich verändert auf Deutsch.

Als ich in der Ukraine war,
habe ich das Schwarze Meer gesehen.
Es war cool zu sehen.

Ein Foto-Shooting mit Genia.
Ich habe mal versucht da reinzugehen.
Aber es war zu kalt.

Schlafen

Wenn ich mal müde bin, brauche ich eine Stärkung:
Kaffee.
Oder Schlafen.

Ich schlafe gerne.
Ich schlafe gerne aus.

Wenn es unter der Woche ist, muss ich früh aufstehen.

Schlafen ist so mein Hobby.

Dann gebe ich einen Tipp ab, wie das am besten geht:
Man braucht eine Schlafmaske.
Falls man geweckt wird, dann besser umdrehen.
Ich warne schon mal vor:
Bei einem Langzeit-EKG geht das nicht.

Manchmal träume ich.
Von Genia.

Das Herz

Das Herz hat eine sehr, sehr wichtige Bedeutung.
Das Herz ist für mich wie die Liebe.
Liebe bedeutet:
mit dem Herzen denken.

Pass mal auf, jetzt kommt der Satz,
dass man sich auch gut küssen kann:
Mich kann man sehr gut küssen.

Die Liebe ist etwas für mich, wie Sex.
Das tut der Haut gut.

Das Herz bedeutet auch, dass man frisch verliebt ist.
Und dass man gut zusammen ist.
Das Herz ist sehr, sehr wichtig.
Damit es da ist.

Ich habe hier auch Herzen in meinem Zimmer hängen.
Jetzt sage ich mal, von wem ich die Herzen
geschenkt bekommen habe:
Die habe ich nämlich von meinem Freund bekommen.
Da sieht man uns beide auf dem Foto.
Arm in Arm.
Wie süß.

Das Herz ist für mich romantisch.
Romantik ist geil.

Das Coole ist:

Ich mache auch in meiner WG ein bisschen Romantik.

Für das Liebsche.

Ich mache eine Badewanne voll mit Wasser.

Darauf stehen Kerzen.

Und vielleicht hänge ich da meine Herzen auf.

Und dann gibt's ein Liebesbad-Pulver.

Und brennen die Kerzen.

Ich höre die Familie gerne lachen.

Familie ist auch im Herzen drinnen.

Herz Schritt macher

So ein Herzschrittmacher ist so ein Gerät,
was Menschen, die ein Herzproblem haben,
tragen müssen.
Und zwar sind das die Leute,
die ein Herzfehler haben.
So ein Herzfehler, das ist,
wenn man schon damit geboren wurde.
Ich glaube, irgendwas läuft da nicht richtig.
Also im Körper.

Ich habe einen Arzt-Termin.
Da wird, Kontrolle, geguckt,
ob der Schrittmacher noch funktioniert.
Und einmal Blutdruck messen.
Dann gibt es ein Langzeit-EKG.
Das ist dann halt so eine Maschine.
Die das Ganze in Ruhe messen muss.

Wenn man so ein Langzeit-EKG trägt,
darf man nicht so viel mit Technik machen.
Wie zum Beispiel Laptops.
Weil das kommt dann sonst durcheinander.
Das wird dann zu hektisch für ihn.
Der spinnt sonst rum und dann werde ich tot.

Man muss auch wissen,
dass man das Gerät wieder abmachen kann.

Man muss das Gerät am nächsten Tag zu einer
bestimmten Uhr-Zeit beim Arzt vorbeibringen.

Ich muss da regelmäßig zur Kontrolle hingehen.
Für manche ist das halt sehr, sehr wichtig,
da mal nachzugucken.
Weil nicht, dass der Akku dann leer geht.
Das sind nur ein paar Pflaster.

So laut ich weiß, ist das bei jedem Menschen
unterschiedlich.
Egal ob mit Down-Syndrom oder nicht.

Ich merke das schon,
aber so laut ist das Dingen auch nicht.
Das Gerät kann nicht sprechen.

BH – Sammlung

Meine BH-Sammlung.
Das geht gerne noch lauter:
Ich liebe gerne BHs!
Ich sammle sehr, sehr gerne BHs, weil ich die gerne habe.
Das sind so unterschiedliche BHs nach den Farben.

Ich habe halt roter Spitzen-BH.
Habe ich an.
Ich hatte halt auch einen türkisenen BH.
Und ich hatte auch einen BH von intissimy.
Und ich hatte auch mal einen schwarzen Spitzen-BH.
Mit halt so über Kreuz.
Das war sehr, sehr sexy.

Ich liebe es sehr, wenn ich die anhabe.
Für mich ist eine gute Gefühl,
wenn ich Unterwäsche anhabe.

Handy

Das Handy ist für mich mein Leben hier.
Ich finde es wichtig,
dass das Handy für die Fahrt voll geladen ist.
Damit ich auf der Fahrt Musik hören kann.

Ansonsten gibt es da auch »Candy Crush« und so.
Das spiele ich auch sehr, sehr gerne auf meinem Handy.
Da gibt es halt verschiedene Apps.
Da kann man suchen.
Die Apps, die man spielen möchte.
Meine Lieblings-App ist:
»Fish Doom«.
Das ist so eine App unter Wasser.
Das musst du kennen.

Ich habe eine Kamera-App.
Ich mache damit Fotos.
Und dann kann ich die in einem Foto-Album abspeichern.

Wie immer habe ich auch Youtube und Internet.
Webseiten nachgucken und Nachrichten durchlesen.
Ich suche immer »Nachrichten Leicht«
und »Corona Leichte Sprache«.
Um zu gucken, ob da etwas Neues ist.
So viel Neues in Leichter Sprache gibt's im Internet nicht.
Vielleicht gehe ich mal auf die Seite »Einfach Stars«.

Ich muss schon sagen:
Das Internet ist nicht so barrierefrei, wie es sein sollte.

Wegen dem Internet gibt es da noch so eine Sache:
Die Sache ist die,
dass es für jeden Menschen zugänglich sein sollte.
Man darf es benutzen.
Das darf man niemandem verbieten.
Das darf man nicht.

internet

Ich finde es wichtig,
dass das Internet für alle Menschen da ist.
Das heißt:
Es soll noch barrierefreier sein.
Das heißt dann:
Alle Menschen können sich daraus informieren.
Wenn man halt Nachrichten gucken will,
dann kann man sich da informieren.

Wie zum Beispiel »Corona – Leichte Sprache«.
Das ist eine Webseite,
wo sich alle Menschen informieren können.
Über Corona.
Darüber, was das eigentlich ist.

Deswegen ist das Internet wichtig.

Ich benutze das Internet auch,
um mir Sachen daraus aufzuschreiben.

Im Internet kann ich meine Petition weiter starten.
Das Internet hilft mir, dass viele Leute das sehen.

Ich tu auch manchmal im Internet online-shoppen.
Zum Beispiel Kasalla-Sachen.
T-Shirts und Pullis von denen.

Ich höre auch Musik im Internet.

Ich gucke Serien und Filme.
Ich gucke gerne »Mord mit Aussicht«.
Ich gucke auch gerne Liebesfilme.
Filme aus der Liebe.
Die Filme heißen »Fifty Shades Of Grey«.

Judentum

Es gibt 5 Welt-Religionen.
Eine davon ist das Judentum.
Es gibt auch noch den Islam.
Juden glauben auch an einen Gott.
Woran sie nicht glauben, ist Jesus.
Bei den Juden ist das ein großer Unterschied.

Die meisten Juden leben heute in Israel.

Und das wichtigste Buch von den Juden ist:
die Thora.
Da stehen die 10 Gebote drin.
Die Kirche heißt:
Synagoge.

Die Juden haben so einen Stern.
Der heißt:
David-Stern.
Der Stern hat insgesamt 6 Zacken.

Es gibt Antisemitismus.
Das bedeutet, dass Menschen gegen Juden sind.
Das ist nicht gut.
Juden wollen nicht beleidigt werden.
Man darf keine Gewalt anwenden.
Das ist normal und in Ordnung, wenn man jüdisch ist.

Islam

Es gibt da so eine Religion.
Und die heißt:
Islam.
Das heißt,
die Menschen beten quasi anders
als die Christen.

Was ich auch vom Islam weiß, ist,
dass die so gut wie keine Weihnachten feiern.
Sondern ein anderes Fest.
In dem Islam feiert man glaube ich die Fasten-Zeit.
Und auch ein Opfer-Fest.
Es gibt das Zucker-Fest.

Muslime feiern zum Beispiel auch kein Ostern.
Für Muslime sind deutsche Feste genauso fremd.

Kaffee

Ich trinke hier gerne Kaffee.
Und ich koche auch gerne Kaffee für die Arbeit.
Wenn ich im Home-Office bin, brauche ich immer Kaffee.

Ich kann auch erzählen, wo der Kaffee angebaut wird.
Ich weiß die Geschichte noch.
Es ist halt so:
Die Kaffeebohne wird in Südamerika
und Afrika angepflanzt.
Dann werden die Bohnen, glaube ich, herausgenommen.
Und daraus wird dann der normale Kaffee gemacht.

Es gibt da so ein ganz, ganz wichtiges Zeichen.
Wenn wir Kaffee kaufen, gibt es das Zeichen.
Es geht darum, dass die Menschen,
die mit dem Kaffee arbeiten, gut behandelt werden.
Also auch gut bezahlt werden.
Das Zeichen hat etwas Grünes und etwas Schwarzes.
Und in der Mitte ist etwas Blaues:
Fairtrade.

Es gibt auch den internationalen Tag des Kaffees.
Ich weiß aber nicht, wann.
Kann man nachgoogeln.

In Italien hat man die Namen erfunden:
Latte macchiato und Cappuccino mindestens.

Espresso gibt es auch.
Caffè Crema.

Für mich ist Kaffee auch sehr wichtig in meiner WG.
Zum Frühstück brauche ich immer Kaffee.
Dann brauche ich auch Milchkaffee.

Man kann Milchschaum machen.
Und den kann man auf den Kaffee drauf machen.
Schmeckt sehr gut.

Das Ding ist:
Leider gehts nicht.
Die Kaffeemaschine ist kaputt.
Ich glaube, die macht echt nicht mehr mit.

Kultur

Das Wort Kultur bedeutet,
dass man in einer anderen Kultur ist.

Da lernt man andere Sachen kennen und so.
Was man da so alles machen kann.
Man lernt dann auch,
wie man anders kocht zum Beispiel.
Das ist das Coole an Kultur:
dass man neue Sachen ausprobieren kann.
Und so halt in Austausch kommt.

Wenn man in anderen Ländern und Kulturen ist,
lernt man auch mal andere Musik kennen.
Die man halt noch nicht gehört hat so.
Das Gute ist, dass man auch selbst Musik machen kann.
Jedes Land und jede Kultur hat ihre eigene Sprache.

In anderen Ländern ist das Einkaufs-System
schon ein bisschen anders.
In anderen Kulturen hat man eine eigene Dusche.
Funktioniert aber ganz anders.

Das Coole ist an Reisen:
Man kann auch mal gut shoppen gehen.
Dann hat man Sachen, die es zu Hause nicht gibt.

Man hat in einer anderen Kultur auch anderen Kaffee.

Komisch ist, dass es manchmal aber auch
genau denselben Kaffee gibt.
Komisch ist es auch, dass die Leute nicht fair
für den Kaffee bezahlt werden.
Dafür gibt es dieses Zeichen:
Fairtrade.

Künstlerin sein

Ich habe einen Freund, der im KAT18 Künstler ist.
Und das ist nämlich der Nico Randel.
Der stellt sehr, sehr gute Kunst her.
Der hat auch für mich ein Bild gemalt.
Das Gute ist:
Der hat uns beide da drauf gemalt.
Jetzt kommt's:
Durch die Liebe.
Liebesbilder.
Liebe auf Kunst.

Wenn man einen Text schreibt, ist das schon Kunst.
Ich mache schon eine Menge Kunst.
Mit meinen Texten.

Wenn man Interview-Fragen stellt,
dann ist das auch Kunst.

Ich bin künstlich und aktiv.
Ich bin eine halbe Künstlerin wegen meinen Texten.
Und ich bin aber auch noch zugleich Aktivistin.

Kunst

Die Kunst bedeutet für mich,
ein Buch zu schreiben.
Die Kunst besteht auch darin,
dass das durch mega viel Texte Arbeit ist.
Das Gute ist daran:
Man kann die Texte schön gestalten.
Das ist für mich auch Kunst.

Was für mich auch Kunst ist,
ist meine eigene Webseite.
Da habe ich zu verschiedenen Themen Texte geschrieben.
Und dann haben wir das halt mit einem Foto
veröffentlicht und hochgeladen.
Dasselbe mache ich auch auf Instagram und Facebook.
Das ist auch Kunst.

Ich finde die Medien auch ein bisschen kunsthaft.

Was auch eine Kunst ist:
Bildbeschreibung.

Eine Kunst ist es auch,
einen Preis mit der Post zu verschicken.
Ich habe schon mehrere Preise abgerockt.
Preise abrocken ist cool.

Unterwegs sein

Ich möchte gerne rausgehen.
Ich bin meistens gerne unterwegs zu meinem Nico.
Und in meine WG.
Ich treffe mich gerne mit meiner Freundin
und meiner Freizeit-Assistentin.
Und dann gehen wir vielleicht mal ins Schwimmbad.

Wenn ich unterwegs bin,
gehe ich gerne einkaufen.
Für meinen Stammtisch.
Der Ohrenkuss-Stammtisch.
Ich kaufe da zum Beispiel ganz gerne Chips oder so.
Oder Pistazien.
Für mich, Einkaufen macht großen Spaß.

Ich mache auch gerne Dienst-Reisen.
Da packt man Sachen.
Da packt man auch Proviant ein.
Und dann kommen wichtige Sachen rein.
Mukke kommt mit.
Im Zug mache ich gerne Hochleistungs-Chillen.
Dann bin ich unterwegs zu einem Workshop.
Manchmal bin ich auch unterwegs zu einer Lesung.

Für mich bedeutet unterwegs sein auch Spanien.
Da bin ich auch unterwegs.

Manchmal.
Der Urlaub war leider vorbei.

Wo ich vielleicht nächstes Jahr unterwegs bin:
Berlin.

Auto Fahren

Die Autofahrt war sehr gut.
Von Köln aus nach Frankreich.
Das ist halt eine lange Fahrt durch 6 Stunden.
Erstmal kommt Belgien und dann Frankreich.
Die haben Ähnlichkeiten auf der Autobahn.
Dann muss man halt noch weiterfahren.
Nochmal ungefähr 6 Stunden, bis dass man dann da ist.
Dann ist man an dem Ort, an dem man sein möchte.

Die Mutter konnte sehr gut einparken.

Wir haben uns die Gegend angeguckt,
das war sehr schön.
Das war eine sehr schöne Urlaubs-Reise.

Zurück haben wir noch einen Zwischen-Stopp gemacht.
Da konnte man durch die Stadt laufen
und die Kathedrale ein bisschen angucken.
Es war sehr cool,
da konnte man auch eine Kerze anzünden dort.
Ich habe an meine Leute gedacht, die halt tot sind.

Als die Urlaubs-Reise vorbei war,
da sind wir wieder nach Köln gefahren.

Urlaub

Ich bin schon vor Silvester in den Urlaub losgefahren.
Ich habe gestern gemerkt:
Es hat schon ein bisschen arg geregnet.
Das heißt, es ist nicht so warm.
Wir tun unseren Urlaub schön genießen.

Wir tun halt sehr viel chillen im Urlaub.
Weil so viel kann man hier auch nicht machen.

Wir sind halt sehr früh mit dem Auto losgefahren.
Schon mit Kaffee am Start.
Dann losgefahren.

Das Frühstück ist hier top.
Da kümmern wir uns selber drum.
Was man in Frankreich so isst, ist super.

Ich bin halt mit meiner Freundin hier.
Und mit meiner Mutter auch.

Ich kann sagen:
Man schläft hier sehr gut.
In der Wohnung ist es schön warm.
Und man kann hier auch die Heizung anmachen.
Und es ist sehr ruhig.
Wir haben auch die Vögelchen gehört.

Die sagen hier:
Schönen guten Morgen.
Aber auf Französisch:
Bonjour.

Hier ist nicht so viel los.

Bretagne

Hier in der Bretagne fühle ich mich sehr wohl hier.
Da hat man aus der Wohnung heraus
eine sehr gute Übersicht.
Man kann quasi das Meer sehen, kann man da hingehen.
Man kann sehr viel herumlaufen und so.

Hier kann man sehr gut Kaffee kochen
und einkaufen gehen.
Das ist, was am Urlaub Spaß macht.
Baguette einkaufen, Tomaten.
Dann kann man die Tomaten ausquetschen wie in Spanien.
Das heißt dann:
Tomatenbrot.

Wir kaufen alles Mögliche ein,
was wir brauchen zum Kochen.
Von daher könnte ich mir vorstellen,
in Frankreich zu wohnen.
Wär cool.
Das ist ja auch das Ding mit dem Nachnamen.

Es gibt auch sogar sehr gutes Bier hier.
Französisch-Belgisches Bier.

Das Coole ist:
Hier gibt es sogar auch Zitronen-Wasser.
Gibt es auch.

Ich kann Frankreich sehr empfehlen.
Das ist sehr cool.
Ich kann euch empfehlen, im französischen Supermarkt
mal einzukaufen.

Ich kann auch ein bisschen auf Französisch sprechen.
Ein bisschen.

Das Meer

Man kann hier in der Bretagne am Meer entlang gehen.
Das Ding ist:
Es ist schon ein bisschen kalt gerade.
Ich kann nicht empfehlen, ins Wasser zu gehen,
es ist ein bisschen zu kalt.
Im Sommer ist das okay.

Man kann auch Muscheln suchen.

Silvester

Der Supermarkt heißt auf Französisch »le super-marché«.
Auf Deutsch wiederum heißt es »der Supermarkt«.
Die haben alles.
Das Beste ist:
Es gibt auch Milchbrötchen.
Das ist französisches Gebäck.

An Silvester haben wir viel eingekauft.
Dazu gehören halt sehr viele Kästen Bier.
Auf jeden Fall gab es lecker Raclette.
Mit bisschen Baguette.
Das war top lecker.

Raclette geht so:
Da ist ein Grill drauf.
Da kann man Sachen grillen.
Zum Beispiel Fleisch.
Oder alles Mögliche, auch Brot.
In Frankreich heißt das Brot Baguette.
Man kann halt alles Mögliche machen,
worauf man Lust hat.
Bei den Franzosen ist es so:
Die machen Käse drauf.
Und dann machen sie es schön warm,
bis der Käse schmilzt.
So ist die Logik dahinter.

Wir hatten da sehr viel Spaß an Silvester gehabt
und haben da auch ein bisschen Tisch-Deko gekauft.
Tisch-Deko ist mit Konfetti und Luftschlangen,
sowas in der Art.
Ich kann sagen, wieso:
Es gibt die Regel, in Frankreich darf man nicht knallen.
In manchen Ländern durfte man in diesem Jahr
nicht einfach so Feuerwerk anzünden.
Es ist jetzt 2022.

Haus Boot

Holland kann gerne mit rein.
Ich war auf einem Hausboot.

Man konnte da sehr gut schlafen.
Das hat auch sehr viel gewackelt.
An allen Ecken und Kanten.
Ansonsten waren wir spazieren und so.

Wir sind am Freitag losgefahren.
Das waren 3 Stunden Autofahrt.
Bis nach Holland.

Was es da gab:
Es gab sehr leckere Pommes.
Die waren sehr lecker.
Die Belgier und die Franzosen
haben die Fritten erfunden.
Beide gleich.

Ich und die Anne und meine Mutter waren dabei.

Auf jeden Fall hat das alles sehr viel Spaß gemacht.
Und das Duschen war auch sehr lustig.
Es hat alles sehr viel gewackelt.
Aber die Dusche hat nicht gewackelt.
Wasser hier, Wasser dort.

Wir waren auch einkaufen.

Für mich habe ich ein bisschen Käse gekauft.

Und Vla.

Das habe ich noch nicht probiert.

Vielleicht wird das sehr, sehr lecker.

Promi

Ich bin eine bekannte Promi.
Ich war fast überall zu sehen.
Und auch mal live im Fernsehen.

Das Coole ist:
Jetzt bin ich berühmt.
In ganz Köln.

Das Gute ist, dass ich sehr viele Fans von mir habe.
Das Gute ist es auch, dass ich in den Social Media
zu sehen bin.
Das Gute ist, dass ich von mir eine Wikipedia-Seite habe.

Es ist cool, dass ich draußen sehr bekannt bin.
Wenn ich unterwegs bin und erkannt werde,
dann werde ich angesprochen.
Das ist schön.
Die Leute, die draußen sind, haben mich live gesehen.
Im Fernsehen oder so.
Daher bin ich so berühmt geworden.

Besonders gut finde ich,
dass ich einen Preis bekommen habe.
Für den Auftritt in der Wahl-Arena.
Den Preis habe ich von der Lebenshilfe bekommen.
Das ist eine sehr große Ehre für mich.

Es macht Spaß, Interviews zu geben.
Dadurch wird man noch berühmter.
Wenn man auch in Artikeln erwähnt wird zum Beispiel.

Es macht Spaß, ein Promi zu sein.

Fernsehen

Ich finde es cool,
dass ich auch mal live im Fernsehen zu sehen bin.
Das Coole am Fernsehen ist,
dass alle Menschen eine Person sehen können.
Und mit gucken können.
Man kann die Serie mit gucken.
Und dann sehen das alle.

Wenn man jetzt mutig ist
und einen Live-Auftritt hat im Fernsehen,
dann ist das schon etwas Cooles.
Dann sehen dich alle Leute.
Dadurch wird man erkannt.
Und man wird angesprochen.

Ich habe jetzt zum Beispiel mal die Luisa Wöllisch
im Fernsehen gesehen.
Ich habe sie in einem Film gesehen:
Die Goldfische.
Der Film lief auf Sat1.

Ich gucke eigentlich auch ganz gerne Fernsehen.

Ich verrate, was meine Lieblingsfilme sind:
Das sind Bollywood-Filme.
Das ist cool.
Mein zweiter Lieblingsfilm ist Fifty Shades of Gray.

Das ist ein Liebesfilm.
Durch die Liebe.

Ich gucke auch mal gerne Komödien.
Kennst du »Mord mit Aussicht«?
Das gucke ich auch gerne.
Ich finde die Serie sehr lustig.
Da spielt ein berühmter Schauspieler mit.
Das ist nämlich Bjarne Mädel.

Kino Abend

Wir machen heute einen Kino-Abend.
Wir machen ein TV-Dinner.
Auf Deutsch heißt das:
Ein Fernsehen mit Abendessen.
Und da gönnen wir uns auch ein Bierchen.

Ich verrate gerne, was unser Abendessen wird heute:
Es gibt Ratatouille.
Das ist ein französisches Gericht aus Frankreich.

Wir müssen uns noch einigen auf welchen Film.
Eigentlich gucke ich ganz gerne Bollywood-Filme.
Manche haben das, glaube ich, nicht gerne.
So laut ich weiß.
Ich weiß nicht, was die anderen mögen.

Auf jeden Fall wird das ein sehr guter Abend werden.
Und das Abendessen wird sehr, sehr lecker.

Danach kann ich dann bestimmt sehr gut schlafen.
Das war dann der Freitag-Abend.

Bücher

Ich finde Bücher schon sehr gut.
Auch dass wir eins schreiben und so.

Ich selber hatte mal ein eBook.
Da habe ich gelesen.
Irgendwann habe ich aufgehört zu lesen.
Weil das nicht so mein Ding war.

Und jetzt mache ich eigentlich
ganz andere Sachen außer lesen.
Videos gucken.
Ich male auch gerne.
Und ich gucke gerne Filme auf Netflix.

Ich mag gerne Bücher.
Auch Foto-Bücher.
Von mir.
Ich gucke auch gerne Koch-Bücher an.
Ich gucke mir auch gerne indische Koch-Bücher an,
noch besser.
Koch-Bücher finde ich irgendwie cooler.

Aus meiner Sicht sind Bücher schon gut.
Nur ich lese sie nicht so gerne.

Kochen

Ich koche sehr, sehr gerne.
Besonders koche ich gerne mit meiner WG.
Ab und zu koche ich auch mal bei meiner Mutter und so.

Ich koche auch manchmal gerne mit meinem Nico.
Es war so:
Nico hatte seine Sachen mitgebracht.
Und ich hatte meine Sachen mit dabei.
Für Nico ein Gericht und für mich ein Gericht.
Nico kann nur manche Sachen essen.
Da hatten wir sehr viel Spaß da dran.

Heute kochen wir lecker Bulgur mit Pilzen und Feta.
Ansonsten koche ich gerne meine Gerichte.
Mein Lieblingsgericht ist Ratatouille mit Reis.

Und ich finde die ukrainische Küche sehr gut.
Das haben wir auch mal hier gemacht und gekocht.
Da haben wir Piroggen gemacht.
Da haben wir auch noch zur Vorspeise eine Suppe gemacht.
Und russisches Bier.
Das war alles sehr, sehr lecker.

Kochen finde ich eigentlich nicht so anstrengend.
Das macht mir extrem viel Spaß.
Manchmal wenn wir vorbereiten,
machen wir auch mal Musik an.

Ich mag alles, nur halt bestimmte Sachen nicht.
Obst mag ich nicht.

Es macht Spaß, am Herd zu stehen und zu kochen.
Das ist cool.

Wir bestellen auch mal Sachen.
Vom Gemüsehändler um's Eck.
Dann teilen wir uns die.
Die sind sehr, schr lecker.

Fleisch

Ich finde es wichtig,
dass man mit dem Fleisch gut umgehen kann.
Ich weiß:
Fleisch ist sehr, sehr lecker.
Aber man muss auch ein bisschen auf die Tiere
und das Klima aufpassen.
Es ist einfach zu viel.
Es gibt extreme Massentierhaltung.
Das ist ein Grund, die ganze Quälerei zu stoppen.

Die Tiere sollen nicht einfach brutal geschlachtet werden.
Es geht den Tieren nicht gut auf dem Schlachthof.
Es ist wichtig, dass diese Schlachterei gestoppt wird.

Deswegen ist es eigentlich gut, mehr vegetarisch
und weniger Fleisch zu essen.
Vegetarisch ist auch einfach gesünder.
Und auch einfach besser.

Das Ding ist:
Wenn man zu viel Fleisch isst,
das tut einem nicht so gut.

Ich habe probiert, mal nur vegetarisch zu essen.
Und da habe ich gemerkt, dass es besser ist.
Manchmal fällt es mir auch ein bisschen schwer,
komplett damit aufzuhören.

Ich esse Fleisch,
aber nur ein bisschen.
Vegetarisch ist irgendwie besser und gesünder.
Als so viel Fleisch im Magen zu haben.
Damit komme ich eigentlich ganz gut klar.

Vegan

Es ist gut, dass man darüber berichtet und schreibt.
Man soll sich das durchlesen und informieren.
Was eigentlich vegan bedeutet.

Das kommt alleine wegen den Tieren, weil die leiden.
Man isst kein Fleisch mehr.
Milch und Joghurt.
Auch Weingummis, wegen tierischer Gelatine.
Also: Man isst nichts Tierisches.

Ich glaube, auch deswegen sind meiste Tiere
vom Aussterben bedroht.
Es geht ja auch um die Lebens-Räume.

Eine vegane Ernährung kann besser sein,
als zu viel Fleisch zu essen.
Weil es halt gesünder ist.
Es ist wichtig, darauf zu achten.

Es müssen sich einige Dinge halt verändern.
Weil es ist auch besser für die Umwelt.
Dass es ihr auch gut geht.

Was ist nicht vegan?
Fleisch ist ja klar.
Als Zweites Milch.
Milch von Tieren.

Honig.

Manche Schokolade ist nicht vegan.

Zum Beispiel Pick-Up.

In manchen sind Milch drin.

In manchen nicht.

Brot und Brötchen sind meistens vegan.

Manchmal nicht.

Eier.

Wein ist oft nicht vegan.

Da ist ganz schön viel drin.

Bier ist eigentlich immer vegan.

Zucker aus Amerika wird oft mit Knochen entfärbt.

Nicht vegan.

Weingummis sind oft nicht vegan.

Nachtische sind auch oft nicht vegan.

Durch Milch oder Joghurt.

Sex

Alle Menschen haben so Sex.
Egal ob die eine Behinderung haben oder nicht.
Die Menschen sehnen sich auch nach Liebe und Sex.
Und wünschen sich halt einen Partner.
Und können eine Familie gründen.

Und sehr viele Informationen
über Liebe und Sex gibt es auch in Leichter Sprache.
Dass man halt Sex hat
und dann schwanger werden kann.
Und dass man auch die Pille dagegen nehmen kann.

Viele Menschen haben Fragen zu Liebe
und Partnerschaft.

Da gibt's auch noch mehr.
Dass man verhüten kann.
Dass man keine Kinder kriegt.
Und damit man auch gar nicht schwanger werden kann.
Wichtig ist auch:
Der Mann braucht ein Kondom.
Dass man halt jetzt nicht sofort fruchtbar ist.

Es geht ja auch um unsere Körper.
Man soll gesunde Fette eher essen.
Wie zum Beispiel Öl oder so.
Bestimme Lebensmittel haben auch

eine Auswirkung für unser Sex-Leben.
Sex ist auch eine Sport-Art.

Es ist toll, nackig zu sein.
Die sollen sich spüren.

Beziehung

Es ist cool, eine Beziehung zu haben.
Weil dann ist man nicht so alleine.
Dann kann man kuscheln.
Und im Bett zusammen schlafen.
Das macht Spaß.

Man kann auch zusammen duschen.
Das geht.
Und dann Küsschen, Küsschen, Küsschen.
Durch die Liebe.

Wenn man in einer Beziehung ist,
kann man auch sehr viel unternehmen.
Zusammen.
Man kann ins Kino gehen
oder man kann schwimmen gehen.
Wenn man zusammen ist,
kann man im Bett kuscheln und Kaffee trinken.
Das geht.

Mein Freund und ich machen meistens
einen Kino-Abend.
Wir trinken Wasser oder Bier.
Da gucken wir zusammen Mamma-Mia.

Wir frühstücken auch mal zusammen und so.
Im Bett.

Das ist der absolute Luxus.
Luxus-Hotel.

Streit habe ich nicht so gerne.

ABBA

ABBA machen gute Musik.
Das ist übrigens eine Band aus Schweden.
Das sind auch gute Musikerinnen und Musiker.
Die haben die Lieder erfunden aus dem Film:
»Mamma Mia«.

Ich finde die Musik schon sehr, sehr gut.
Ich höre sie immer noch ganz gerne.
Das Lied, was ich gerne mag, von denen:
»One Of Us«.

Die ABBA-Band ist auch sehr bekannt.
Die ABBA-Band wurde vor gut 40 Jahren gegründet:
1972.

Ich glaube, diese Band-Geschichte hatte ihr Ende 1982.

MUSIK

Ich finde Musik ist sehr wichtig und es macht Spaß.
Man kann auch gerne Musik machen.
Musik bedeutet für mich alles.
Musik aus meiner Heimat ist sehr wichtig.
Ich höre es sehr gerne.
Ich höre gerne Kasalla und ABBA.
Und ich höre gerne Rock-Musik, was richtig abrockt.

Irgendwann möchte ich Schallplatten auflegen.
Bei mir im Wohnzimmer.
Ich tu die erstmal schön sammeln
und dann gucke ich mal, welche ich anmachen kann.

Ich höre auch gerne die Höhner.
Ich höre gerne »Memoria«,
mit denen bin ich groß geworden.
Ich höre gerne Reggae-Musik.
Orientalische Musik höre ich auch.
Musik auf Portugiesisch auch.
Das ist eine CD von meinem Vater,
die habe ich gerne gehört.

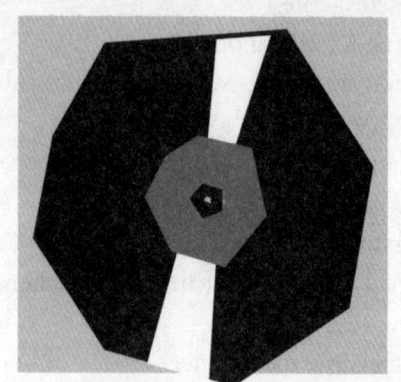

Plattenspieler

Es ist so:
Ich hatte Geburtstag.
Und ich habe an meinem Geburtstag
einen Plattenspieler bekommen.
Ich habe auch einen Gutschein dafür bekommen
Schallplatten zu holen.
Und dann kann man anmachen
und dann kann man hören.

Ich habe schon eine Schallplatte von den »Bläck Föös«.
Ich habe auch eine von ABBA
und auch eine Platte von Bob Marley.
Jetzt fehlt eigentlich nur noch Kasalla.
Als Schallplatte.

Ich würde gerne mal Schallplatten auflegen.
Ich als DJ.
Auf der Ohrenkuss-Party.
Dann schreibe ich alle die Wünsche auf,
die gewünscht worden sind, und die mache ich dann an.
Die Leute tanzen dann zu ihren Lieblingsliedern.

Ich höre meistens die Schallplatten hier zu Hause.

Summerjam

Das ist ein Festival.
So ein Reggae Musik-Festival.
Da machen Leute Musik.
Die Band Memoria waren auch mit dabei.
Das ist in Köln.
Beim Fühlinger See.

Es geht 3 Tage.
Man kann da schwimmen und man kann da schlafen.
Das ist so eine Art Campingplatz.
Ja, man kann Zelte da auch aufbauen.
Da kann man auch trinken und essen.
Es gibt da so Wagen, da kann man sich was zu essen holen.
Ansonsten kann man da auch Beach-Volleyball spielen.

In dem Jahr 1985 gab es das zum ersten Mal.
Das ist ein Mal im Jahr.
Ich finde Summerjam cool.
Ja, ich finde auch die Musik ganz gut.

Und da kann man auch tanzen und singen.
Ich hatte mal ein Foto-Shooting beim Summerjam.
Das war ein Ohrenkuss-Foto-Shooting.
Ich habe da nicht geschlafen.
Ich bin da mit der Bahn hingefahren.
Und dann mit der Bahn auch zurück.
Ich bin da mit Freunden hingegangen.

Singen

Ich singe sehr gerne.
In meiner Wohnung.
Ich mache das immer noch sehr, sehr gerne.
Für mich ist das Singen sehr, sehr wichtig.

Ich kann mal erzählen, was ich mit 16 gemacht habe:
Da hatte ich meine erste Gesangsstunde gehabt.
Da musste ich halt so üben, wie man das eigentlich macht.
Was man so alles drauf hat.

Und dann war ich im Musikstudio.
Und da haben wir das mit dem Computer aufgenommen.
Ich kann sagen, wie sich das anfühlt:
Das ist geil!

Das Wichtigste ist:
Beim Singen muss man Spaß haben.
Das kommt aus dem Bauch raus.

Für mich ist Musik sehr, sehr wichtig in meinem Leben.

Langeweile

Wenn ich Langeweile habe,
dann gucke ich mir Videos an.

Man kann ja nicht so viel machen wegen Corona gerade.
Deshalb wird mir langweilig.

Ansonsten kann man ja auch rausgehen.
Das ist okay.
Dann ist halt nicht so langweilig.

Nur noch abhängen und so.
Das bringt uns ja nichts.
Da ist man faul und weiß nicht, was man machen soll.

Und ich gucke auch mal mit ein bisschen Netflix und so.
Da wird mir nie langweilig.

Man kann zwar reisen.
Das ist auch gut.
Da hat man nicht so Langeweile.
Aber so weit weg fahren geht halt jetzt auch gerade nicht.

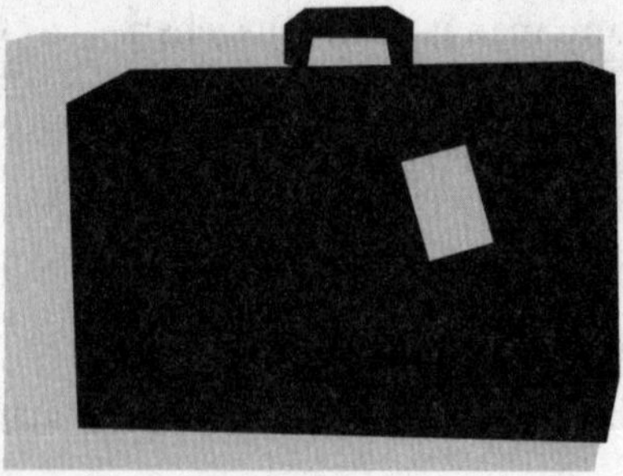

Reisen

Ich möchte endlich mal wieder reisen.
Weil das gut ist, dass ich auch mal rauskomme.
Immer zu Hause rumhängen ist nicht gut.
Andere Menschen.
Da kommt man in Austausch.

Ich war schon in viele andere Länder.
Wie zum Beispiel war ich in der Ukraine.

Und ich war, muss ich sagen, auch in Dubai.
Weil da wohnte meine Cousine dort.
Ja, ich habe da Familie.

Die spannendste Reise war für mich:
Afrika.
Weil es hat schon viel Spaß gemacht,
da mal shoppen zu gehen.
Die hatten da sehr coole Kleidung.
Die hatten Blusen mit vielen verschiedenen Farben.
Das fand ich toll.
Und die haben auch gutes Essen da.
Und sehr gute Musik.
Das Bier war auch lecker und es hieß:
Savanna.
Das ist quasi afrikanische Cider.
Das Coole war:

In Afrika konnte man Hubbel-Safari machen.
Da konnte man über so Hubbel fahren.

Ich war auch in Südafrika, in Kapstadt.
Ich habe da auch so ein cooles Afrika-T-Shirt gefunden.
Das war sehr cool.

Ich war auch in Frankreich gewesen.
Schon oft.
Da konnte man sich auch mal Paris ganz cool angucken.

Corona

Ich würde gerne Corona wegschieben.
Ich möchte, dass wir hier alle rauskommen.
Und dann die Sachen machen,
die wir nicht machen konnten.

Zum Beispiel richtiges Bowling.

Und dieses richtige Karneval-Feiern.

Und wieder zu echten Konzerte gehen.
Zum Beispiel zu einem Kasalla-Konzert.
Und dass wir mal wieder beisammen kommen.
Und zusammen singen und springen.
Und mal wieder mit der Band echte Fotos machen.

Ich möchte auch mal wieder in die Ukraine reisen in echt.
Und da auch die Leute,
die aus der Ukraine sind, wiedersehen.
Und dass wir zusammen auch wieder echte
Ohrenkuss-Sitzungen mit denen machen können.
Die sind mir schon wichtig.
Und was ich auch wieder machen möchte,
ist ein Weihnachtsessen mit dem Ohrenkuss.
Ganz wichtiges Stichwort.

Und ich würde gerne wieder
einen echten Stammtisch machen.

Dann kann ich alle Kollegen wiedersehen.
Und die Kolleginnen auch.

Und wieder auf das Summerjam-Festival gehen.
Dass meine Band Memoria wieder auftreten kann.
Die habe ich übrigens gar nicht mehr gesehen.

Kann man wieder rausgehen und mal wieder was machen.
Und nicht nur immer
die ganze Zeit
Online-Sitzungen machen.

Karl Lauterbach

Was macht er denn so, der Herr Lauterbach?
Ich kenne den Herrn Lauterbach,
der kommt aus der SPD.
Der ist für Gesundheit jetzt wichtig.
Der ist Gesundheitsminister.

Er muss jetzt gucken:
Wie gehen wir fort mit Corona?

Ich habe den mal getroffen draußen.
Der wohnt auch in Köln.
Oder in Berlin?

Soziale Medien

Es gibt so eine Art von Medien.
Nämlich Instagram, Facebook und Twitter zum Beispiel.
Das sind halt so Medien, wo man Menschen sieht.
Da kann man auch Beiträge schreiben
und das dann posten, zum Beispiel.
Da kann man auch Stories hochladen und sowas.
Man kann Fotos teilen oder Videos.
Man kann sich selber zeigen.

Wichtig ist es auch,
dass Menschen wie ich gesehen werden auf den Medien.
Halt mit Down-Syndrom.
Alle Menschen mit Behinderung.
Es sollen auch die Menschen gesehen werden,
die schwul sind.
Auch Trans- und Inter-Menschen sollen gesehen werden.
Man sieht oft die gleichen Leute,
man soll auch mal andere Leute sehen.
Wichtig ist nicht nur, dass man gesehen wird.
Sondern auch, dass man mal was sagen darf.

Bei mir klappt das.
Mir hören viele Leute zu.
Ich freue mich, dass ich gesehen werde
und zu Wort komme.
Das ist halt nur nicht bei jedem so.

Wohnen

Ich lebe in einer sehr guten WG.
Ich kann ganz klar sagen:
WG ist dreimal besser
als in einem Wohnheim zu wohnen.
Ich kenne ein paar Leute,
die wohnen in einem Wohnheim.
Und manchen wird das Internet verboten.
Deswegen möchte ich da nicht rein.
Ich habe eine Kollegin,
die wohnt auch in einer WG.
Da wird Alkohol verboten.
Das geht gar nicht.
Das muss sich einfach verändern.

Diese Potsdam-Geschichte war wirklich schlimm.
Das möchte ich nicht erleben.

In einer WG kann man sehr viel miteinander
und zusammen unternehmen.
Das Coole ist:
Man kann auch zusammen kochen in einer WG.
Und trotzdem müssen wir uns auch an die Regeln halten.

Das Gute ist, dass ich mit meiner Freizeit-Assistenz
auch mal etwas unternehmen kann.
Wir waren als WG auch mal auf einer Kirmes und so.

Wichtig ist beim Wohnen,
dass da mehr Inklusion gemacht wird.
Das heißt dann:
selbstbestimmt wohnen
und gut miteinander klarkommen.

Ich bin sehr gut zufrieden,
dass ich in einer WG wohne.

WG

Eine WG ist eine WG.
Der Buchstabe W bedeutet:
Wohnen.
Und das G bedeutet:
Gemeinsam.
In der WG tut man zusammen wohnen mit einer Freundin.
Und bei mir sind auch zwei Studentinnen drin.
Dieses WG-Leben macht schon viel Spaß.
Da kann man sehr viel unternehmen.
Wie zum Beispiel Plätzchen backen.
Das ist cool, da kann man austauschen.
Das ist für mich eine inklusive WG.

Wir machen gerne Blödsinn.
Wir machen auch gerne Kino-Abend.
Mit einem Kölsch.
Wir machen Party.
Wir machen noch etwas:
Ich sage dazu Hochleistungs-Chillen.
Das Wort ist von Julian Göpel,
von meinem Ohrenkuss-Kollegen.

Ich tu gerne kochen.
Kochen ist für mich wichtig und macht Spaß.

WG-Streit ist nicht so mein Ding.

Ab und zu checke ich auch mal unseren Haushalt.
Dazu brauche ich immer Kaffee.
Das läuft so:
Spülmaschine ein- und ausräumen.
Sauber machen und Boden putzen.
Müll runterbringen und Wäsche anmachen.
Und auch mal Leergut wegbringen.
Ganz wichtig, auch die Kaffee-Maschine mal reinigen.
Und auch den Wasserkocher.
Man kann den entkalken mit Zitronensäure.

Ich kann euch empfehlen:
in eine WG einziehen.
Und wohnen.

ARBeit

Eine Arbeit zu haben ist sehr, sehr wichtig.
Damit ich auch etwas verdienen kann.
Wenn man keine Arbeit hat,
dann ist man quasi ein bisschen arbeitslos.

Es ist wichtig,
dass Menschen mit Behinderung eine Arbeit brauchen.
Es ist auch wichtig,
dass wir Menschen mit Behinderung
auch Geld verdienen können mit der Arbeit.
Was ich gerne machen würde,
ist weiter für den Ohrenkuss arbeiten.
Und da auch mein Geld verdienen.

Ich finde es auch wichtig, dass die Menschen
in der Ukraine auch eine Arbeit haben dürfen.
Die haben auch ein Recht, ihr eigenes Geld zu verdienen.
Dass sie sich halt auch ihre Sachen kaufen dürfen.

Dazu ist nochmal wichtig zu sagen:
Das kann man einem nicht verbieten.
Sondern:
Wir haben auch ein Recht, unser Geld abzuholen.
Das steht auch im Grundgesetz.

Wochenende

Am Wochenende gehe ich schwimmen.
Und am zweiten Wochenend-Tag würde ich
zum Bowling gehen.

Es ist wichtig, sich zu bewegen.
Ich bewege mich gerne im Wasser.
Und ich tauche gerne.
Wie eine Meerjungfrau.

Am Samstag würde ich bowlen gehen.
Da kegeln wir, trinken Kölsch und essen zu Abend.
Das wird sehr viel Spaß machen.

Was ich am Sonntag mache, weiß ich nicht genau.

Ich liebe das Wochenende,
weil da kann man Kölsch trinken.
Also ich zumindestens.

Feiern

Ja, dieses Feiern ist halt sehr wichtig.
Das Feiern ist für mich auch Tradition.
Feiern macht Spaß.

Ich feiere gerne Karneval.

Und ich feiere auch gerne Halloween und so.
Da verkleidet man sich gruselig.
Ich kann jetzt sagen:
gerne ein Plastik-Messer in den Kopf.

Ich feiere auch gerne, wenn es Konzerte gibt.

Und Weihnachten.
O Tannenbaum.

Zirkus

Heute ist für mich wieder Zirkus-Training.

Da kann man sehr viele Sachen machen.
Da kann man so Trapez, Tuch machen und so.
Kann man auch Kugel-Laufen auch.
Man kann auch Akrobatik machen
und Boden-Akrobatik machen.
Man kann Hoola-Hoop machen.
So nennt man diese Reifen.

Ich bin mal gespannt, was ich heute so im Training mache.
Das geht bis 19:30 Uhr.

Ich bin gerne in den Tüchern innen drin.
Da sind so Tücher,
in denen man Luft-Akrobatik machen kann.
Die sind lang und groß.
Die sind lila.
Da kann man so Tricks machen und so.
Das ist halt so mein Lieblingsding.
Das mache ich gerne im Zirkus.

Dick und Doof

Ich habe, als ich Kind war,
sehr viel Dick und Doof geguckt.
Bei meiner Oma.
Die sind sehr lustig und ich muss auch immer mitlachen.
Das ist geil.
Ich finde, Dick und Doof ist sehr cool.

Die heißen eigentlich Laurel und Hardy.
Und das ist mir aber zu schwer,
deshalb sage ich Dick und Doof.

Für die, die es nicht kennen:
Das ist eine, ich denke mal, Komödie.
Die sind sehr verrückt und machen lustige Sachen.
Die stoßen sich den Kopf an die Wand.
Und denen passieren ständig viele Sachen.
Das endet dann sehr, sehr lustig.

Wenn man das sieht, ist das schwarz-weiß.

Zack Gottsagen

Das ist ein amerikanischer Schauspieler.
Und die Person hat das Down-Syndrom.
Die Person heißt Zack Gottsagen.
Er hat in einem Film mit dem Namen
Peanut Butter Falcon mitgespielt.
Ich habe den Film auch schon mal gesehen.
Der Film ist sehr lustig.

In dem Film heißt er Zak.
In dem Film hat er auch das Down-Syndrom.
Er plant seine Fluchtwege.
Der will rauskommen.
Da passieren so Szenen, wo er Regeln anspricht.
Er sagt Sachen wie zum Beispiel:
»Regel Nummer 1: Party.«

Ich finde einfach gut, dass er gesehen wird.
Sein Synchron-Sprecher heißt Jonas Sippel.

Barriere-Freiheit

Ich finde, dass es für alle Menschen
Barrierefreiheit geben muss.

Es ist wichtig, dass sich alle Menschen
informieren können.
Nachrichten müssen verständlich sein.
Das ist für mich eine Barriere.
Menschen mit Behinderung
interessieren sich auch für Politik.
Was da eigentlich los ist.

Für Rollstuhlfahrer muss es Aufzüge geben.
Das ist für die besser.
Die müssen nach vorne kommen.
Das ist wichtig.

Barrierefreiheit muss es auch im Theater geben.
Die Infos müssen klar in Leichter Sprache dastehen.
Damit wir alle wissen, wann das ist
und um welche Uhrzeit das stattfindet.

Blinde Menschen müssen ja auch nach vorne kommen.
Die müssen sich auch informieren können.
Bei Instagram muss zum Beispiel
eine Bildbeschreibung hin.
Dann können sich blinde Menschen alles durchlesen.
Das ist dann quasi barrierefreies Posten.

AKTIVISMUS

Aktivismus ist, für was man sich so stark einsetzt.
Aktivismus ist auch zum Beispiel,
wenn man etwas bewegen möchte.
Und wenn man eine Petition starten will.
Und dafür kämpft.
Was einen auch beschäftigt.
Das ist Politik.

Für mich ist Aktivismus:
weiter gegen den Blut-Test
auf Down-Syndrom kämpfen.
Was mir auch wichtig ist,
dass Menschen mit Down Syndrom Arbeit haben.
Weiter kämpfen.

Das ist auch nicht immer leicht.
Weil das Problem ist schon,
dass es da auch Probleme gibt.

Wichtig ist es auch zu kämpfen dafür,
dass es auch Nachrichten in Leichter Sprache gibt.
Da muss man nach vorne gehen.

Sich zeigen.
Zeigen, dass Menschen mit Down-Syndrom cool sind.
Wir haben was zu sagen
und haben auch ein cooles Leben.

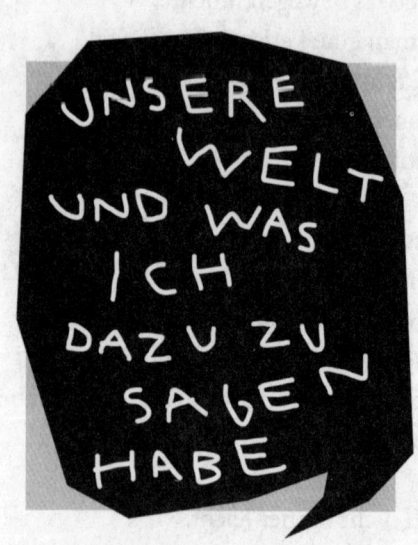

Demonstrieren

Das Demonstrieren ist schon sehr wichtig.
Weil man hat selber auch eine Meinung zu sagen.
Was man hier eigentlich ändern will.

Man geht halt auf die Straße und man zeigt,
dass man da ist.
Man setzt sich dafür ein,
dass wichtige Sachen wichtig sind.
Was man zu sagen hat.

Manche Menschen, es ist so,
die schreiben böse Sachen.
So bestimmte Plakate.
Das ist dann nicht so richtig für Demos und so.
Das Ding ist, man muss halt richtig zum Thema bleiben.
Worum es halt geht.

Ich war auch mal demonstrieren.
Zum Beispiel war ich auf der Straße
zum Thema Afghanistan.
Das ist sehr wichtig.

Auch wegen Klima war ich demonstrieren.
Weiß ich noch.

Das Ding ist es, dass man die Meinung sagt.
Weil nicht immer alles so gut läuft.

Manche Menschen gehen gar nicht demonstrieren.
Die sind vielleicht nicht so interessiert in Politik.
Das Traurige ist, dass sich dadurch nichts ändert.

Afghanistan

In Kabul ist etwas passiert.
Da ist halt passiert, dass die nach Deutschland müssen.
Und da aber nicht wegkommen.
In Afghanistan ist Krieg.
Die Menschen wollen fliehen.
Die Taliban haben jetzt die Macht.
Das ist so das Problem.
Und deswegen ist es wichtig,
dass man die Menschen da rettet.
Wir müssen die Menschen sehr gut unterbringen.

Die Menschen werden nicht gerettet.
Die werden da liegen gelassen.
Es wurde geschossen auf sie.
Die liegen da auf der Straße.

Deutschland ist sicherer, da passiert sowas nicht.
Deswegen soll Deutschland die Menschen retten.
Man hat gesagt:
Es gibt eine Luftbrücke.
Die sorgt dafür, dass es den Menschen besser geht.
Und dass die auch gerettet nach Deutschland kommen.

Da ist halt sehr viel Chaos.
Die Straßen sind alle dicht befahren, es ist viel los.
Viele Menschen lassen sich interviewen,
viele aber auch nicht.

Vielleicht weil sie sich nicht trauen.
Zu sagen, was da eigentlich los ist.

Momentan sieht die Angst noch groß aus.
Angst vor der Zukunft.
Dass sie halt ihre Heimat nicht verlassen können.
Weil es sonst sein kann, dass die Taliban sie töten.

Ich finde es wichtig,
dass die Guten in Deutschland ankommen.
Ich finde es wichtig, dass es weiter Rettung gibt.
Die haben auch ein Recht,
nach Deutschland zu kommen.
Und dass sie auch eine Arbeit haben.
In Deutschland fühlt man sich sicherer, das ist gut.

Die Menschen müssen in einer Wohnung leben,
in der sie sicher sind.
So wie ich.
Dass denen nichts passiert.
Die haben das Recht, mitzubestimmen
und mitzumachen.
Das ist für die Inklusion.
So soll das eigentlich sein.

Waffenruhe

Waffen sind nichts Gutes.
Wenn man Waffen hat, dann kann es sein,
dass da dann Krieg ausbricht.
Damit geht es los.

Man darf nicht auf Menschen schießen.
Wenn es Krieg gibt in manchen Ländern,
haben die Menschen Angst.

Was ist hier Waffenruhe?
Waffenruhe ist, dass man sie halt nicht besitzen darf.
Weil es sonst problematisch wird.
Das heißt:
Keine Waffen dürfen verkauft werden.
Müssen aufhören zu schießen.
Das heißt dann Waffenruhe.

Gewalt gegen Menschen mit Behinderung

Es ist sehr wichtig, über dieses Thema zu sprechen.
Es ist schon wichtig, dass man uns nicht schlagen darf.
Nee nee, Gewalt geht nicht.

Ich glaube, ich kläre mal einen wichtigen Fall hier auf.
In Potsdam kam jemand mit einem scharfen Messer
in ein Wohnheim da und dann hat er den Menschen
mit Behinderung mit einem scharfen Messer
die Kehle geschnitten.
Die sitzt unter dem Kopf.
Es waren einige schon schwer verletzt.
Und ich glaube, nur einer hat es überlebt.
In meiner Wohnung darf es keine Gewalt geben.
Das möchte ich nicht.

Vielleicht als Regel:
Bitte keine Gewalt an uns Menschen mit Behinderung
anwenden.
Das ist verboten.

Es gibt verschiedene Arten von Gewalt.
Wie zum Beispiel unhöfliche Wörter.
Wie Beleidigungen, gibt es auch.

Ich mag nicht, wenn man mich unter Druck setzt.
Wie zum Beispiel:
Du musst dies und jenes machen.
Das ist auch nicht so schön, das ist für mich auch Gewalt.
Und es ist an uns Menschen mit Behinderungen verboten.

Meistens ist es so,
dass halt manche Menschen mit Behinderung
das halt mehr erleben als Menschen ohne Behinderung.

Man kann einem nicht verbieten, ins Internet zu gehen.
Etwas zu verbieten, das ist auch Gewalt.
Ich möchte auch nicht, dass ich wegen meinem
Körpergewicht diskriminiert werde.
Das ist mir wichtig.
Das ist auch Gewalt.

Corinna Rüffer

Sie ist halt eine deutsche Politikerin bei den Grünen.
Und die ist halt auch ein Mitglied
des deutschen Bundestags.

Sie setzt sich auch für die Behinderten-Politik ein.
Sie kämpft für Teilhabe und Inklusion.
Worauf die sich auch einsetzt, ist der Pränatal-Test
und der Blut-Test auf Down-Syndrom.
Dass der halt nicht zur Kassen-Leistung wird.

Ich finde es gut, was sie hier macht.
Sie sagt:
Sie ist selbst Mutter und hat eine Tochter
mit Down-Syndrom.
Und sie hat sich natürlich für das Kind entschieden.
Und sie sagt auch:
Es spielt keine Rolle,
ob das Kind behindert wird oder nicht.
Sonst haben wir Diskriminierung.

Worauf sie sich auch einkämpft, ist
die UN-Behinderten-Rechts-Konvention.

Selbstbestimmungs Rechte

Es ist so, dass Menschen mit Behinderungen
über sich selbst bestimmen dürfen.
Wir haben auch Rechte.
Selbstbestimmungs-Rechte sind auch
mega wichtig für uns.
Dass wir einfach sagen dürfen:
Das ist unser Körper.
Und darüber dürfen wir halt bestimmen.

Ich finde:
Das kann man niemandem nehmen.
Und das muss man auch akzeptieren.

Inklusion

Inklusion heißt:
Alle Menschen und Menschen mit Behinderung
dürfen mitmachen.
Das heißt auch, dass es um Teilhabe geht
und um Gerechtigkeit.
Mitmachen, mitbestimmen und mit dazugehören.

Inklusion bedeutet:
Wir Menschen mit Behinderung gehören auch mit dazu.
Dass wir auch Rechte haben, mal was zu sagen.
Dass wir unsere Meinung sagen dürfen.
Wir dürfen alle mitbestimmen.

Deswegen muss Inklusion überall gemacht werden.
Es wird in Deutschland oft
nicht so richtige Inklusion gemacht.
Nur so halb.
Es müsste mehr Inklusion in Schulen und
Wohngemeinschaften geben.
Und auf jeden Fall muss auch bei der Arbeit Inklusion
gemacht werden.

Das heißt dann auch,
dass wir den Mindestlohn kriegen sollen.
Damit wir auch unser Geld verdienen können
und eine Arbeit haben, die uns Spaß macht.
Das ist gleich Inklusion.

Leichte Sprache

Leichte Sprache ist für uns Menschen
mit Behinderung wichtig.
Und für alle anderen ist sie auch mega wichtig.
Es ist deswegen wichtig, damit wir Menschen wissen:
Was ist auf der Welt eigentlich los?

In der Tagesschau muss es deshalb auch
leichte Sprache geben.
Damit wir uns besser informieren können.
Wir Menschen mit Behinderung interessieren uns
auch für Politik.
Die Sprache in der Tagesschau ist zu schwer zu verstehen.
Deswegen haben wir eine Petition gestartet.
Da fordern wir, dass es jeden Tag Nachrichten
in Leichter Sprache geben muss.
Die Petition heißt:
Tagesschau in Leichter Sprache.

Es gibt auch Regeln für die Leichte Sprache.
Wichtig ist, dass man kurze Sätze macht.
Dass man nicht so schnell spricht,
damit man da auch mitkommt.
Die komplizierten Wörter müssen erklärt werden.
Leichte Sprache muss geprüft werden.
Ich bin auch Prüferin für Leichte Sprache.

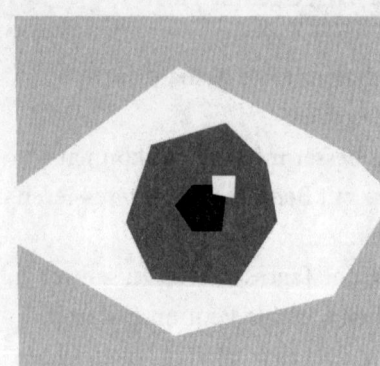

Vielfalt

Ich erzähle sehr gerne mal,
warum Vielfalt ein wichtiges Thema ist.

Es ist gut und wichtig, dass es Menschen gibt,
die anders sind als ich.
Zum Beispiel auch Menschen mit anderen Hautfarben.

Es ist wichtig, dass Menschen,
die lesbisch oder schwul sind, auch mal gesehen werden.
Dass man die nicht vergisst.
Queere Menschen darf man auch nicht vergessen.
Inter- und Trans-Menschen.
Menschen mit Behinderungen.
Muslime oder Menschen mit anderen Religionen.
Egal welche Sprache man spricht.

Weil die haben auch Rechte, dass die mit dazugehören.
Und die kämpfen für ihre Rechte, das ist wichtig.

Es gibt Symbole dafür,
zum Beispiel die Regenbogen-Flagge.
Die Flagge bedeutet,
dass man die Menschen nicht vergisst.

Es ist gut, dass es verschiedene Menschen gibt.
Wenn es diese Menschen nicht gäbe,
dann wär die Welt hier langweilig.

LGBTQIA

Man kann auch die Abkürzung LGBTQ+* benutzen.
Das ist ein sehr cooles Wort.
Das steht für bestimmte Wörter.
Sowas wie lesbisch und schwul.
Es gibt auch intersex und trans.
Das bedeutet Mann und Frau sein, beides, Geschlecht.
Es geht auch um was dazwischen drin steckt.
Das Symbol ist eine Regenbogen-Fahne.
Und deswegen kämpfen die dafür, für die Rechte.

Das L steht für lesbisch.
Frau in Frau lieben.
Das G für Schwul auf Englisch:
Gay.
Mann und Mann.
Man hat Sex miteinander,
das ist normal.
B steht für Bi-Sexuell.
Man liebt Mann und Frau.
T steht für Trans.
Man fühlt sich anders als das Geschlecht,
mit dem man geboren wurde.
Das Q steht für Queer.
Das Wort kann man auch benutzen für LGBTQIA*
I steht für Inter.
Mischung aus weiblichem und männlichem Körper.

A ist A-Sexuell.
Nicht hetero, nicht schwul, nicht lesbisch, nicht bi.
Das Sternchen steht für alle Geschlechter, die es gibt.

Feminismus

Feminismus hat mit Vielfalt zu tun.
Es geht auch um Menschen-Rechte.
Es geht um die Rechte von Frauen.
Egal welche Frauen.
Überall auf der Welt.

Es gehört dazu, dass sie mitbestimmen dürfen.

Was nicht passieren darf:
Gewalt gegen Frauen.
Da gibt es viel auf der Welt.
Das muss aufhören.

Man muss mehr auf die Frauen gucken.

Es ist wichtig, dass man über das Thema spricht.

Welt-Frauen-Tag

Der Welt-Frauen-Tag ist sehr wichtig.
Den feiert man am 8. März.
Und da geht es auch um Frauen.
Es geht darum, dass wir Frauen gleichberechtigt werden.
Das heißt zum Beispiel, dass es auf der ganzen Welt
Wahlrecht für Frauen gibt.
Es muss auf alle Frauen geachtet werden.

Das ist ein sehr wichtiges Thema,
worüber man sprechen muss.

Ich glaube, dass es auch in Deutschland
keine richtige Gleichberechtigung gibt.

Das, was passiert ist,
ist, dass die Männer die Chefs früher waren.
Die haben gesagt:
Du musst dies und jenes machen.
Es ist unfair, dass Frauen jetzt weniger Geld
als Männer verdienen.
Das ist Diskriminierung.

Es muss mal mehr auf die Frauen geachtet werden.
Die haben auch was zu sagen.
Deswegen finde ich gut, dass es solche Tage gibt.
Dass man an uns denkt.

Ich sage mal kurz am Rande:
Gewalt gegen Frauen geht nicht.
Genau deswegen gibt es den Tag.

Gendern

Gendern.
Das heißt, dass das halt gleichberechtigt ist.
Das bedeutet, dass man beides meint.
Das Sternchen ist für unterschiedliche Geschlechter da.
Das heißt dann quasi das Gender-Sternchen.

Es ist wichtig, dass alle gleichberechtigt sind.
Das heißt nämlich Frauen und Männer zusammen.
Und auch Menschen,
die dann halt ein anderes Geschlecht haben.

Heimat

Heimat bedeutet für mich:
Das ist sehr wichtig hier.

Zum anderen,
weil man hier in Köln Karneval feiert.
Das ist das Beste aus Heimat,
was man feiern kann hier.
Es ist wichtig,
dass hier auch Karnevals-Züge durchfahren.

Zur Heimat gehört auch,
dass man gerne mal Kölsch trinkt.
Und auch die kölsche Sprache spricht.
So wie aus kölsche Mundart, wie man sagt.

Deswegen ist es gut, dass ich ein kölsch Mädsche bin.

Fern – Weh

Wenn ich nachts im Bett liege,
habe ich öfter mal Fernweh.
Ich denke dann an viele Sachen.
Denken und träumen.

Dann träume ich vom Summerjam-Konzert.
Und dass ich da meine Leute gesehen habe,
die da aufgetreten sind.

Meistens denke ich dann auch an die Ukrainer.
Ich träume auch manchmal von der Ukraine.
Ich träume meistens von den Ukrainern,
mit denen wir zusammen gearbeitet haben.
Und von der Ausstellung.

Ich denke dann auch immer an die Reisen.
In welchen Ländern wir waren.

Afrika war sehr schön.
Wir waren in Sansibar und in Tansania.
Man konnte da sehr viele Sachen machen.
Schwimmen gehen.

Eine Sache werde ich nicht vergessen:
mit Delfinen schwimmen.
Was ich in Afrika immer viel gehört habe,
sind die Massai-Shows.

Die haben wir dort gesehen.
Die machen sehr, sehr gute Musik.
Es gab auch gutes Essen und gutes Bier.

Natur

Ich finde die Natur sehr, sehr schön.
Ich finde auch die ganzen Jahreszeiten gut.
Es gibt vier Arten von den Jahreszeiten.
Es gibt Sommer und Frühling.
Und es gibt den Herbst und den Winter.

Für mich:
Natur macht Musik.
Ich finde die Vögel sehr gut.
Die so eine Art Vogel-Konzert machen.

Es gibt auch unterschiedliche, große Bäume.
Blätter sind dann so groß wie die Regenschirme.

Es kann zum Beispiel in der Natur die Sonne scheinen.
Mal kann es trocken sein,
mal kann es auch regnen.
Mal kann es aber auch nebelig sein.
Oder windig sein.
Oder es kann auch mal stürmig sein.
Dann gibt's einen Sturm.
Der laute Regen runter.
Natur kann auch laut.
Und mit Blitz und so.
Dann gibt die Natur richtig Gas.

Das ist für mich die Natur.

Der Sturm

Es hat halt in den letzten Tagen einen Sturm gegeben.
Nachtsüber.

Das ist schon sehr, sehr schlimm,
dass dann alles einstürzt.
Sturm hat auch was mit dem Klima zu tun und so.

Das ist sehr gefährlich,
dass das uns Menschen treffen kann.
Die Tiere haben dann halt auch große Angst.
Die tun sich verstecken.
Deswegen bin ich heute Abend nicht in der WG.
Sondern erst morgen.
Ich muss mich hier auch verstecken.
Anders geht es halt nicht.

Der Sturm hat angefangen in Nord-Deutschland,
glaube ich.
Bei so einem Sturm kann man auch Angst kriegen.
Nicht, dass die ganzen Bäume hier umfallen.
Das wird dann halt schon gefährlich.

Klima

Erschütterung in Erftstadt.
Das war schon lange her.
Es ist etwas passiert:
Es hat sehr kräftig geregnet.
Ich habe in den Nachrichten gehört,
dass in Erftstadt Hochwasser war.
Das heißt:
Die ganze Straße ist voll mit Wasser.
Die Autos konnten nicht fahren
wegen dem ganzen Wasser.
Und das ging mit den Bahnen auch nicht.
Die konnten auch nicht fahren.

Deshalb konnte die Mutter von meinem Freund
nicht zu ihrem Sohn fahren.
Wegen dem ganzen Hochwasser.
War schon sehr, sehr schlimm gewesen.

Die Linie 13 konnte auch nicht fahren.
Ich wollte nach Hause fahren, aber das ging nicht.
Die ganze Geldernstraße war voll mit Wasser.
Die war voll mit Wasser, ja.
Ich musste eine Abkürzung nehmen
und mit der 18 fahren.
Hin und zurück.
Die 18 war ein guter Umweg.

Die ganzen Brücken sind ins Wasser gefallen.
Auseinander gekracht.

Es ist mega wichtig, dass wir etwas für die Klimapolitik tun.
Wir müssen auf jeden Fall so ein bisschen aufpassen,
was wir da machen.
Dass die Welt nicht so dreckig hinterlassen wird.

Wir müssen ein bisschen auf die Umwelt achten.
Das Fleisch hat auch etwas mit dem Klima zu tun.
Wir müssen gucken, dass man nicht so viel Fleisch braucht.
Das ist sonst auch nicht gut.

Das alles macht etwas mit dem Klima.
Deshalb muss man ein bisschen vorsichtig sein.
Dass man nicht so viel fliegt zum Beispiel.
Man hinterlässt so viel Dreck.
Das ist nicht gut für das Klima.
Man riecht das.

Das Aussterben der Tiere

Ich glaube, die Tiere sind vom Aussterben bedroht.
Wegen dem Klima-Wandel.
Auch wegen der Fleischerei auch.
Und auch wegen der Zerstörung
des natürlichen Lebens-Raumes.
Der Lebensraum ist natürlich auch der Amazonas
und der Regenwald.
Die sind halt auch wegen der Land-Wirtschaft
und so vom Aussterben bedroht.
Und deswegen wird die Tier-Wirtschaft auch geordnet.
Dass halt immer mehr Tier-Arten davon bedroht sind.
Wenn das passiert und immer mehr Tiere aussterben,
dann haben wir irgendwann keine Tiere mehr.
Dann wäre das, glaube ich,
nicht in Ordnung so auf der Welt.
Dann sieht das Ganze auch ganz anders aus.

Zum Beispiel gibt es ja auch Pandas.
Also Panda-Bären.
Und die leben halt auch im Bambus-Wald.
Und deswegen sind, glaube ich,
auch Panda-Bären vom Aussterben bedroht.
Seit einigen Jahren werden die
Bambus-Wälder in China gerodet.

Weiß-Kopf-See-Adler

Das ist halt so mein Lieblings-Greifvogel.
Der ist schon sehr groß.
Und er lebt in Amerika und Kanada.

Und da in Amerika,
da gab es eine Geschichte mit dem Weiß-Kopf-See-Adler.
Ich erzähle sie gerne:
Es ist so, der Weiß-Kopf-See-Adler
war bei dem US-Präsidenten Donald Trump.
Und er weiß, dass er kein guter Präsident ist.
Deswegen war die Idee, den Weiß-Kopf-See-Adler
mal da rein zu stellen.
Und zu gucken, wie der Präsident reagiert.
Er findet das nicht so gut.

Ich weiß, wie viel der wiegt, so als Gewichtsgröße:
3–6 Kilogramm.

Der Tod

Es kann schon mal vorkommen, dass von mir Leute
oder Freunde von mir sterben.
Das ist dann halt sehr traurig.
Wenn man alt ist.
Dass man in Erinnerung bleibt.
Dass man dann nicht so vergessen wird.

Mir wird es auch mal passieren.
Wenn ich alt bin, werde ich auch sterben.

Da möchte ich halt sehr viele Sachen
an meinem Grab haben.
Auf jeden Fall Erinnerungsbilder.
Bilder, wie ich groß geworden bin.

Das erinnert mich auch an Karneval.
Wie es letztes Jahr an Karneval war,
daran kann ich mich zurückerinnern.
So als ich klein war, habe ich auch sehr gerne gefeiert.
Fotos aus meiner Kindheit erinnern mich an Karneval.

Die Fahne von Kasalla ist ganz wichtig.
Die erinnert mich an die Konzerte.
Und auch an das Interview mit denen.

Auch das Bild von mir und Nico ist auch sehr wichtig.

Wenn ich gehe,
dann hat das auch eine Bedeutung, etwas mitzuteilen.
Etwas zu sagen, das sehr schade ist.
Dass ich dann sterbe.

Scheiß auf gutes Leben und so,
das kann dann auch vorbeigehen.

Auf jeden Fall soll da auch ein Kölsch-Glas stehen.
Und ich will mittrinken.

Das ist nur für mich.

Kinder Planung

Ich möchte in Zukunft keine Kinder haben.
Das ist mir zu viel Arbeit.
Ich bin noch nicht so weit, schwanger zu werden.
Ich finde, dafür bin ich noch ein bisschen zu jung.
Deswegen ist Nico auch noch nicht so weit,
um Vater zu werden.

Die Frage ist dann nämlich:
Wer zieht unsere Kinder groß?
Deswegen möchte ich keine Kinder haben.

Ich weiß nicht, ob ich irgendwann später mal
Kinder haben will.
Mit 23 möchte ich noch nicht schwanger werden.

Wenn ich alt bin, möchte ich keine Kinder haben.
Ich möchte ja auch mal Sachen machen und auch mal reisen.
Ich möchte für mein Leben noch etwas machen.

Es gibt da, glaube ich, auch zu wenig Hilfe für Menschen
mit Down-Syndrom.

Es besteht das Risiko, dass ich mit Down-Syndrom Mutter
werde.
Und das ist dann nicht so praktisch.
Man braucht einen bestimmten Alltag dafür.
Deswegen ist es für mich als Mutter schwierig.

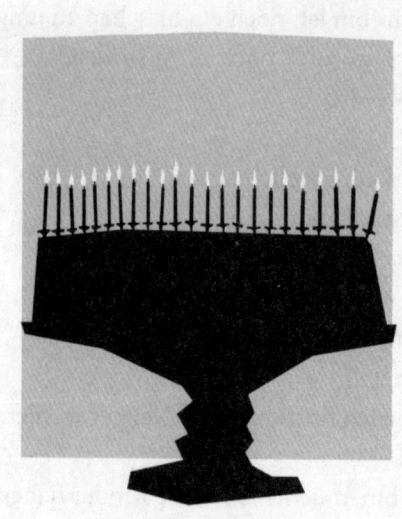

Mutter

Ich bedanke mich,
dass sie mich auch so großgezogen hat.
Das waren beide,
meine Oma und meine Mutter.

Ja, wir hatten die schönsten Erinnerungen
mit den ganzen Reisen.
Und es hat schon sehr Spaß gemacht.
Ich habe sie auch sehr gerne.

Und aber manchmal geht sie mir auf die Nerven.
Und da habe ich einen Tipp:
Schlafmaske anziehen und diese Ohrstöpsel rein.
Wegen dem Wecken.
Dann drehe ich mich wieder um.
Da kann ich auch gut weiterschlafen.

Und wie gut, dass sie mit mir schwanger war.
Sie hat keinen Test gemacht mit mir.
Ich war einfach bei ihr.
Da war ich froh drüber.
Ich bin auch froh darüber, dass es der 5. Dezember war.
Genau das ist mein Geburtstag.

Jetzt ist es auf einmal ganz anders:
Jetzt wohne ich in einer WG.

Da musste sie auch ein bisschen lernen loszulassen.
So selbstständig im Leben zu werden ist auch wichtig.
Ja also, es ist ja gut, dass ich in die WG reingezogen bin,
aber trotzdem vermisse ich die schon auch.
Für mich war es halt nun mal eine sehr gute Entscheidung.
Ein Leben in einer WG ist sehr, sehr cool,
da kann man sich mit den anderen Menschen austauschen.

Als ich halt noch klein war,
da waren wir sehr viel in Frankreich gewesen.
Da war ein Fisch, der konnte singen.
Der hatte einen Mund zum Singen.
Das war sehr lustig.
Ich kann sagen:
Ich habe gerne Musik gehabt als Kind.

Wir sind gerne mal verrückt.

Und ich bin hier:
auf der Welt.
Da!

Schönheit

Schönheit ist was Schönes.
Schönheit bedeutet auch gut und schön aussehen.

Schön schmücken an Weihnachten.
Vielleicht kann man die Wohnung schön schmücken.
Da hat man es schön winterlich und schön weihnachtlich.
Dann braucht es nur noch den schönen Schnee.

Im Frühling ist die Natur besonders schön.
Das schöne Wetter heißt, Sonnenstrahlen kommen raus.
Da hat man eine schöne Wetter.

Der Sommer ist auch schön,
da scheint auch schön die Sonne.
Das Schönste ist, dass man auch mal
in den Urlaub fahren kann.
Das Schönste ist, man kann draußen liegen.
Und das Schönste ist, dass man baden kann.

Im Herbst ist es schön, dass die Kastanien kommen.
Nur zur Info:
Wenn man Kastanien sammelt, kriegt man Haribo.
Manchmal kann es im Herbst aber auch regnen.
Es gibt viele Blätter unten.
Dann ist es schön herbstlich.

Erwachsen sein

Ich bin nicht mehr lange 22 Jahre alt.
Ich habe am Wochenende Geburtstag, da werde ich 23.
Das ist super, dann tun wir auch feiern.

Jeder Mensch wird alt.
Es ist unterschiedlich, wie alt man wird.

Es ist gut und toll, erwachsen zu sein.
Und irgendwann später kommt auch
irgendwann mal der Tod.

Ich weiß, in vielen anderen Ländern
geht der Tod, glaube ich, unterschiedlich.
Dass manche Leute zum Beispiel verbrannt werden.
Ich glaube, in Karatschi macht man das auch.
Das ist eine Stadt in Pakistan.
Da stirbt man halt, glaube ich, bisschen anders.

Erwachsen sein ist toll.

Zukunft

In der Zukunft möchte ich gerne wieder vieles machen.

Ich sage ganz laut, was dieses Jahr noch stattfindet:
Der Summerjam kommt wieder.

Bei mir ist das alles sehr lustig.
Ich bin lustig und verrückt.
In Zukunft möchte ich gerne wieder reisen.
Ich würde gerne die Ukrainer wiedersehen.

In Zukunft hätte ich gerne ein echtes Weihnachtsessen
mit dem Ohrenkuss.
Und wieder unterwegs sein mit dem Ohrenkuss.
Damit wir mal wieder auf die Füße kommen
und rausgehen können.

Bei mir ist es so:
Ich möchte gerne wieder richtig bowlen.
Richtig Bowling und Party.

Mein Plan ist aber auch, nochmal in einer
etwas größeren WG zu wohnen.
Davon habe ich mal was gehört, das ist super.
Da sind einfach mehr Leute da.
Die mit einem etwas machen.
Das ist das Gute daran.

Und ich möchte auch endlich mal wieder
echtes Karneval feiern.
Und mal wieder in echte Kneipen
und echt wieder Kölsch trinken.
Das passiert in der Zukunft.

Planeten

Der letzte Text sind die Planeten.
Ich finde unsere Planeten sehr gut.
Und sehr schön.

Das sind halt die Planeten,
die sich um die Sonne kreisen.
Am längsten braucht quasi der Neptun.
So weit ich das weiß.

Ich glaube, auch Mond und Erde
sind miteinander verbunden.
Da gibt es bei dem Mond so Funktionen.
Mal sieht man den Mond in ganz.
Dann gibt es Halbmond.
Und wenn er ganz klein ist, dann ist das eine Sichel.

In unserem Weltall,
da gibt es auch so eine Art Milchstraße.
Eine Milchstraße ist eine Milchstraße.
Eine Milchstraße ist eine Straße.
Oder Galaxie wie man sagt.

Unser Weltall sieht sehr schön aus.
Ich habe mal Fotos gesehen.

Wenzel

geschrieben von Natalie Dedreux

Du bist Wenzel Rehbach.
Es ist irgendwie cool.
Zusammen mit dem Home-Office.
Es macht Spaß, dass man zusammen arbeiten kann.
Und wie cool, dass wir Texte geschrieben haben.

Ansonsten finde ich:
Die Zusammen-Arbeit ist sehr, sehr gut.
Wir haben Texte geschrieben zu einem coolen Buch.
Ein Buch ist etwas, das man schreiben kann.
Wenn es jetzt fertig ist mit den Texten,
kann man es auch kaufen und durchlesen.

Es ist so:
Wir haben Texte geschrieben.
Und ich habe es auch gut diktiert.
Du hast sie gut aufgeschrieben.

Es war so:
Wir hatten eine Liste mit den Themen gemacht.
Und dann haben wir mit einem Thema
angefangen zu schreiben.

Natalie

geschrieben von Wenzel Rehbach

Du bist Natalie Dedreux.
Du schreibst Texte.
Ich habe Dich 2020 kennengelernt.
Seit 2021 arbeiten wir zusammen.

Du diktierst mir Texte über das Leben.
Wir machen ein Buch daraus.

Uns verbinden ein paar Dinge:
Ich bin kurz vor 2000 in Köln geboren.
Ich mag Pizza, Texte schreiben, Bjarne Mädel
und Musik von Bob Marley.
Du auch.

Wir unterscheiden uns auch:
Du bist eine Frau mit Down-Syndrom.
Du magst Karneval, kölsche Musik und
große aufregende Reisen.
Ich nicht.

In Deinen Texten geht es für mich
auch immer um Gemeinsamkeiten und Unterschiede.
Du bist oft sehr lustig und ehrlich.
Du bist mutig und sensibel.
Du hast super viel Energie.
Du bist überraschend.

Inhalt

Genia
Krieg
Kultur
sein
Gesundheit
Auto
Herz-Schritt-Macher
Grundgesetz
Internet
Triage
in
Künstlerin
Kaffee
Herz
Schlafen
Ukraine
Schwarze
Bretagne
Silvester
Unterwegs
Judentum
Kunst
BH-Sammlung
Urlaub
Meer
fahren
Das
Nazi-Zeit
Hausboot
Handy
der
Islam

WG
Gottsagen
Singen
Corona
Bücher
Zack
Musik
Fernsehen
Lauterbach
Fleisch
Wochenende
Promi sntn)Z
Medien
Kino-Abend
Langeweile
Soziale
Plattenspieler
Summerjam
und
Arbeit
Wohnen
Beziehung
ABBA
Kochen
Karl
Feiern
Dick
Vegan
Doof
Sex
Reisen

Inklusion · Klima · Natalie · Planeten · Natur · Kinder-Planung · Mutter · Sprache · Tod · Corinna · Heimat · Selbstbestimmungs-Rechte · Der Waffenruhe · Welt-Frauen-Tag · Afghanistan · Sturm der · Behinderung · Wenzel · Aktivismus · Rüffer · Gendern · Vielfalt · Leichte · Menschen · Weiß-Kopf-See-Adler · Barrierefreiheit mit · Tiere · Zukunft · Erwachsen · Gewalt · Demonstrieren · Feminismus · LGBTQIA · Schönheit · sein · Aussterben · gegen · Fernweh